pro

aucun vous estalez vos inutiles charmes

Il faut demander les
Essais de michel de monthaigne

à conserver

IMMORTALITATI

CLARIS. DD. MAGISTER

JOANNES CUIVILLE

PRESBYTER TUTELENSIS

DOCTOR THEOLOGUS

Die VI. Aprilis An. M. DCCVIII.

DEFUNCTUS

MAJORI CARMELO

PARISIENSI

Hunc & cæteros CCCL. Bibliothecæ suæ libros testamento reliquit.

QUISQUIS LEGIS

SIC UTERE DONO

UT ORARE PRO DONANTE

MEMINERIS.

à conserver

LES ETHIQVES D'ARISTOTE STAGIRITE A SON filz Nicomache : nouuellement traduittes de Grec en François, par le P L. gentil homme de la maison de Monsieur le Conte d'Aran.

LE LIVRE.

Icy l'on uoit que la Felicité
Au bien parfaict, par uertu prend naissance:
Et qu'en la peur, indomptable asseurance
Rend l'homme fort, constant, & arresté.
Comme en l'argent la Liberalité
Est excellente, & plus Magnificence.
Qu'aux uoluptez se uoit la Temperance:
Et aux honneurs la Magnanimité.
Que l'equité toute uertu comprend:
Et que Sagesse & Prudence nous rend
Presque immortelz: Clemence gratieux.
Qui dira donq, puisque suis si parfaict,
Qu'esprit humain si excellent m'ait faict?
Tombé ie suis tout composé des cieux.

Imprimé à Paris chez M. de Vascosan, à l'enseigne de la Fontaine en la rue sainct Iacques.

M. D. LIII.

AVEC PRIVILEGE.

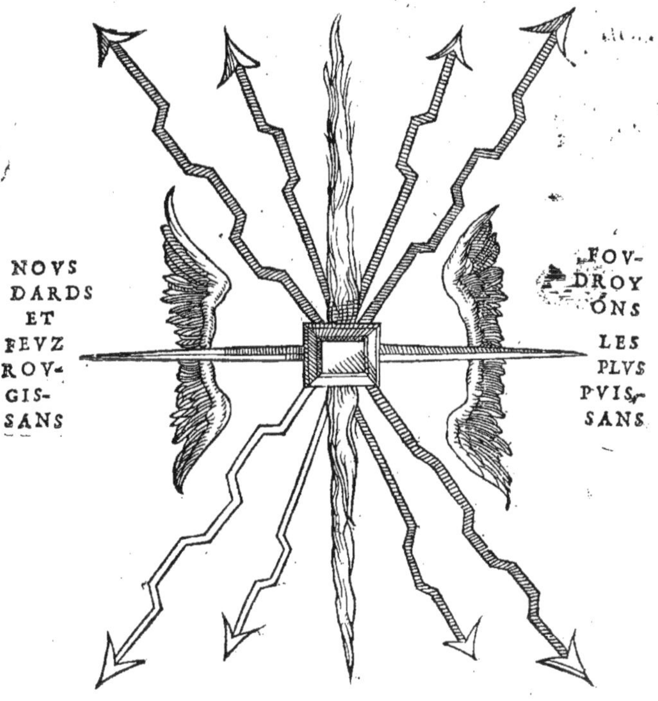

M. P.

Non sans raison il porte
Vn Foudre en sa diuise:
Non pas qu'en telle sorte
Comme foudre nous nuyze,
De l'eloquence aymable
La force inestimable.

Mais comme foudre sonne
Par esclatz reluysantz:
Ainsi costuy cy tonne
Entre les mieux disans:
Et par son hautain dire,
Nous rauist & attire

Mort separe uie.

Ἰωάννου τρεφαίκτου πρὸς
τὸν πλέσσιον.
ὥσπερ μὲν διαλάμπει ἐν νεφέλῃσι κεραυνὸς,
ἀστραπαῖσί τ᾽ βρέμει βροντῇ ἐρισμάραγος.
οὕτω λαμπρότατ᾽ εὐγλώσσων, ἔπεσι πλέσσιε
λάμπεις, καὶ μεγάλοις φθέγμασιν ὑψιβρεμέις.

Pais & Honneur.

A TRESHAVLT ET TRESILLVSTRE Prince Iacques de Hamylton Conte d'Aran, gentilhõme de la chambre du Roy, & capitaine de cent hommes d'armes Escoßois, Le Pleßis son treshumble seruiteur, tresheureuse fortune.

DES celuy iour, Monseigneur, auquel non sans grãd presaige du malheur qui me talonnoit, uostre excellence me laissa au retour q̃ feismes de l'Allemaigne, malade, uoire demy mort à Metz, cest impitoyable tyrant de maladie, non content de si cruel outrage, que de me faire perdre le bien de uostre presence, & le superbe honneur d'un si royal uoyage, uoulant triumpher du reste de ma uie, n'a iamais cessé (bien que ce fust hors du camp) de me faire iournelle guerre: tãt que pour ne me sentir auoir dãs Metz assez de secours pour le combattre, ie fuz contraint auec peine incroyable de me trainer, cherchant les terres plus doulces & mieux fortunees, iusques à Paris: ou toutesfois, si grand estoit non desastre, le tourment de mon mal, & la fortune si iuree encontre moy, ou plus tost, Prince tresauguste, le regret de t'auoir perdu: que ny les douceurs de l'Arabie, les drogues de l'Oriẽt, tous les baumes de Grece, ny la mesme Anticyre, uoire les plus grãs Esculapes, Chirons ou Melampes: ny, comme ie croy, main außi admirable que celle de ce parfaict Pæõ le medecin des dieux, ne me peurent, ny n'ont peu iusques à present remettre en l'entier de ma santé: tellement qu'apres infiniz tourmens,

& langueurs, quand ie me ueiz en si longue carriere, arriué au periode de desespoir: comme celuy qui les antennes brisees, artemons decirez, cordaiges rompuz, arbres & temons cassez, courant fortune se recommande à dieu & aux uents: ie me resolu, cherchant consolatiõ es choses que l'esprit desiroit, non pas de me rendre au mal qui sans cesse me tyrannizoit, ains plus tost de luy brauer, & de le uaincre. Ainsi uoyant qu'à un corps ia passé & quasi de moy oublié, estoit chose mal à propos pour le tromper en ses gehennes & angoisses, que de luy representer armes, cheuaux, & les tãt honorables exercices de la guerre, ie uins, cõme celuy qui n'ignoroit la grãde alliance de Mars & de sa sœur Palas, à rechercher par les liures (qui sont les plus durables marbres & arcs triumphaux, des plus uictorieuses guerres) ce que ie perdois à ueoir en uostre suytte. qui alliez auec une armee de tous furieux souldats & pratiques, auec cheuallerie trop plus que celle des Thessales & Numides, entre une infinité de Sceuoles & de Scipions, auec tant de chenuz capitaines, Camilles, & Nestors, soubs la cornette d'un Roy plus magnanime que Pompee, plus hardy qu'Annibal, plus uertueux qu'Alexandre, & plus heureux que Cesar, ruyner les forces de l'immortel ennemy & aux autels iuré, de l'inuincible France. De laquelle ie ne diray autre chose pour le present, sinon, que si pour quelque temps, sur elle comme endormie & oubliee, les Barbares ont usurpé quelque chose, certes depuis ce regne pour le moins elle s'est souuenue, que ce fut elle qui faulsa anciennement l'orgueil de Rome iusques au Capitole: qui donna le nom à la

France-

Francegrece, qu'on appelloit iadis Gallogrecie. Et ſi pour lors la ſageſſe de ſes Druydes fut en grande reputation, l'eloquence de ſon Hercules, la force de ſa gendarmerie, l'incroyable tolerance de ſes ſouldats, tant louee par Iule Ceſar, & tant redoutee de tous ſes uoiſins : ie croy qu'à preſent ceſte uertu en noz princes reueillee, à faict auouër aux nations eſtrangieres & ennemies, que non ſans cauſe les hiſtoriographes eſcriuoyẽt iamais excellente uictoire n'auoir eſté reportee ſans le ſouldat frãçois. Ainſi donc, Mõſeigneur, en reliſant quelques liures, & eſſayant par eux d'oublier mes maux, & mon bien auſsi (qui eſtoit d'eſtre auec uous) ie tombay de cas fortuit ſur la lecture des dix liures des Ethiques, liures pleins de philoſophie, i'ay penſé dire de theologie : eſquels ce diuin Ariſtote, comme rauy & inſpiré de quelque deité, ſemble tirer ſes raiſons & concluſions, nõ pas des liures ſibylins, ainſi que iadis les Romains, mais de l'aſtographe du meſme Iupiter. Ce que conſiderant ne me peu contenir de pẽſer en moy meſme : Nous hommes neZ en la boutique de la diuine ſapiẽce, uoire nourriz & allaictez au gyron de la meſme Chreſtiẽté, allons ſans aucune ſainčteté de meurs, comme ignaues & moins uertueux ſur les uagues fuyãtes de ceſte mer humaine, en plain midy raZans les bancs d'iniquité, hurtans aux roches & ſablons de toutes ignorãces ! Ceſt Ethnique qui au lieu de ſainct Pol, innumerables apoſtres & prophetes, n'ouiſt iamais pour Chriſt preſchãt que Platon, parle ſi diuinemẽt de la uertu, recherche ſi au uif l'equité, & la ſainčteté aux preceptes de la uie ! VoyeZ quelle integrité, quelle uerité, quelle honneſteté il *requiert en toutes actions! cõme il discourt de toutes choses selon Dieu, si admirablement, que n'y trouuez rien de fardé, desguisé, ou emprunté! Quel courage & magnanimité il desire en ceux qui manient la Republique! Comme il uous met deuant les yeulx les admirables preeminences de uertu: soit qu'il parle de l'amitié tant charitable, de l'immortalité des ames, du contennement des choses que le uulgaire ua en grand desir iour & nuict poursuyuant. Oyez-le lors qu'il desire ce qui est requiz en l'homme de bien, uertueux & heureux: oublist il un seul ornemẽt que uous y puißiez desirer? Et toutesfois les ignorãs, ou l'ignorãce mesme, si furieux & Orestes en leur réueries ont esté que se souillant indignement la langue de la chasteté des Muses, & de leur philosophie, ils ont dict que tels songes grecs, comme fables & inuentions humaines nuisoyent à l'integrité des meurs: qui tãt ils ont la maille en l'œil, ne uoyãt que ce qui leur hurte au front, ne uoyẽt pas q̃ cestuy cy parlãt mesme des uertuz, en louë trop plus l'actiõ & l'œuure, que la seule habitude: disant que pour ce les princes uertueux, qui par uertu executẽt toutes choses magnanimemẽt, sont plus louables que le Philosophe nõ uicieux & sçauãt, endormy, ou sans manimẽt, ne faisant qu'estudier toute sa uie. En cest endroit il me souuiẽt q̃ uous, Mõseigneur (qui en l'aage de quatorze ans parlez uieillart & Nestor) lors que uous et uostre cheualeureuse cõpagnie sur les riuaiges du Rin, fasiez en la Germanie retentir les forets & les pleines du nom de l'Escosse, assez curieusemẽt me demandastes quel estoit le mestier d'un Prince: pour ce que ie uous disois selon sainct Pol, que chacũ en ce monde*

deuoit

deuoit faire son mestier: tant que ie uous respondy, que l'estat, deuoir, & mestier du Prince estoit bien autre, que ce que le uulgaire des courtizans en minutoit & réuoit: cōme à la uerité par le discours du present liure, uous uerrez bien plus amplemēt, que ie ne peuz pour l'heure, entre les armes & les boutes selles, uous philosopher. Car si en tout hōme de bien, l'Aristote, comme y lirez, requiert tant de perfections: à sçauoir, si ceux qui pour auoir donné commencement à toutes choses uertueuses ont merité le nom de Prince, ne doyuent d'autant passer le reste du monde en sçauoir, magnanimité, & grandeur d'actions: qu'ils ont les plus grandes charges, plus de biens & d'auctorité: & qu'ils ont sur eux conuerty les yeux de toutes nations pour les contempler & espier? Que pleust à Dieu que ceux lesquels fortune (le plus souuent marastre) a poulsez au gouuernemēt des princes, employassent quelques unes des bonnes heures qu'ils perdēt en la lecture de leurs Romans, & en autres exercices de moindre importance, à la congnoissance des liures de ceste trempe. Lors pourroyent ils plus dignement manier les feux que nous uoyons flammoyer, & reluire es esprits des princes enflammez, & ardans en toutes choses. Eux qui pieds & mains non lauees, se uiennent barbouiller de la generosité de si tendre esprits: ie dy les esprits, lesquels bien qu'ils soyent nez genereux, sont toutesfois, cōme le reste des autres, tableaux rases, attendans les premiers traicts de l'ouurier. Et Dieu sçait si en ceste carte blanche la plus part d'eux y painct, & pourtraict à son plaisir. L'un y graue des furies & tyrannies plus que *celles de Catiline: l'un y burine & relieue des temeritez & hardiesses uaines, & ueult rendre son maistre, non pas comme Cyrus plus qu'hōme, mais plus que diable. L'autre uoulāt seul s'enrichir, n'y tire un seul traict, ne coup de cizeau qu'à l'espargne, & fait de son maistre la mesme auarice. Cestuicy, ou pour ce qu'il aime, & n'entend que la uollerie, ne luy chāte aux oreilles que riuieres, buissons, campagnes, empieter, briller, fondre, razer, enter en pennes, auec leurres & gorges-chaudes: luy fait approprier longes & ietz, former chaperōs, fondre ueruelles & sonnettes: brief, le rend tout fauconnier. L'autre pareil en uenerie reueille son maistre par abois, & le clabaude tout le long d'un iour. L'autre, qui au perron de l'amour a fiché les boucliers & les armes, mettant es uictoires de Venus tous ses trophees, fait sō prince un damoisel, ne le detraquant iamais des uoyes des dames, ny de leurs brisees: sans luy conter ou discourir que chansons & sonnets. L'autre, qui en pense faire quelque chose de bien meilleur, auec des brauades de sangdieu, le faisant galoper & uolter en carriere tout le long d'un iour, pēsant l'aguerrir, & en faire un Cesar, en fait un maquignō. Car bien que ie ne soy si ignorant que ie ueuille dire que les exercices tant honorables de la uollerie, de la chasse, & des cheuaux ne soyent requiz & necessaires à un prince: si est ce que dieu me gard d'auouer que ce soit le mestier ny l'estat de celuy en qui nature a ietté si profundes racines d'une magnanimité: qui est né à uoller, nō pas les oiseaux, ains le cueur des hommes: à courre, lancer, n'y prendre les cerfz, mais les uilles & chasteaux: à gouuerner & manier, non pas les*

les chiens, ne les cheuaux, ains les communautez & republiques: à dompter, non pas les poulains, mais les furies d'un peuple irrité & rebelle, uoire à se uaincre & gaigner soymesme, cõme disoit le saige Pythagoras: *esquels poincts gist le plus grãd de son estat, sans qu'il faille croire, que bien picquer un cheual, bondir, l'embrider, auoir bonne tenue, bonne main, bien parer la greue, les camares siciliennes trousse-queues, & saquarelles, soyẽt le comble du mestier de la guerre, encores qu'il soit necessaire pour elle (comme dit cest autheur mesme) de les sçauoir.* Mais *c'est autre chose, qu'aux hommes falliz remettre le cueur, & du desespoir de uaincre, faire estinceler le triũphe: entendre les menees, descouurir les trahysons, s'aider d'un traistre, & d'une contre-espie: appauurir & affoiblir de longue main son ennemy, susciter & s'allier des estrangiers, choisir les capitaines, aguerrir les souldatz: qui sont les auantaiges, que* Xenophon *appelle auancemẽs de guerre: lesquelles prattiques ne se coingnent point en la teste d'ũ prince, par les exercices des cheuaux, chiẽs, & oyseaux: & moins en peult il, pour la brieueté de la uie, s'en faire iamais parfaictement saige par la seule experience.* Ce *que lon peult mesmes prouuer & entendre par les souldatz de cõpaignie, qui pour bien sçauoir manier les armes, estre aisez soubz le harnois, brandir la picque, scopetter, se serrer, s'eslargir, se dresser en rõd, en quarré, en poincte: faire uisaige de tous coutez dont le besoing suruient: estre roides, hardis, bien dispos: entendre les corps de garde, centinelles, rondes: bien patrouiller & ueiller: estre saiges des esquadres, lancespessades, capauraux, col-*

lonelz, & tous ces motz qu'auons pris (non pas la hardiesse & force de combattre) de l'Italie, ne sont pourtant parfaictz souldatz ny parfaictement aguerris: bien que telles conditions leur soyent requises, & necessaires: mais le souldat braue & pratique (& tel que ceux qui si long temps, au camp de Iules Cesar, uesqueurent hyuernans en l'horreur des froidures, d'une racine, sçaura oultre ce, combattre la fain, la soif, le chault, le froid, les pluies & les uents) ainsi que bien il parut es batailles de Pharsale, quand l'armee des uieilles bandes de Iulles reuenant de la France, aguerrie à soustenir les assaux ordinaires de si impitoyables ennemis, deffist l'addroisse & uaillentie (maisuuyde de telle tolerance) de toute la cauallerie & fanterie Romaine. Si possible uous ne sçauez, que ce miracle de guerre, l'inuincible Annibal, qui de l'outre des coulonnes d'Hercules, au trauers de toute l'Espaigne & de la France, passant une armee de diuerses nations, rebelles, & estranges, tint dixhuit ans l'Italie captiue, & esclaue le nom Romain, sus les symetz & precipices des alpes glaçonnees au parauant inaccessibles: luy patient de froid & de gelees, luy souldat non pas à l'espreuue de la harquebuse, mais des torrens, des mers, des gelees, fouldres, & tempestes: dormoit à terre, qu'ay-ie dict: c'estoit sur la neige, se seruãt (comme tesmoigne toute hystoire Latine & Grecque) du pommeau de son espee, en lieu d'un cheuet de lict. Vous asseurant, Monseigneur, que le prince pour entendre le mestier de la guerre, doit entendre toutes autres sciences: non qu'il doyue comme l'Arithmeticien tousiours compter, ou

mesurer

mesurer comme le geographe: ce qui se peult ueoir aizément par exemple. Car encores qu'il ne soit architecte, ny maçon, si doit il, estant en une uille aßiegé, se sçauoir fortifier par deffenses, coyons, casemates, parapetz, & courtines, uoire & entēdre außi bien qu'un niueleur, la hauteur des montaignes qui le peuuent battre. Vn chacun du uulgaire peult leurrer oyseaux, monter à cheual, courir les chiens & les lieures: mais bien peu sçauent dresser les bataillons, animer les hommes, rompre les batailles, descouurir par espies, sçauoir les lieux, le temps, & les hommes, auquelz on a affaire. Tant que la noblesse d'Athenes, le temps passé, ne uoulut souffrir, craignant que les uilains peussent par l'intelligence qu'ils prendroyent des arts liberaux un iour s'anoblir, qu'autre quelle eust d'eux la congnoissance: leur faisant pour ceste cause par loy defendre, de n'apprendre l'art de paincture. Au moyen de quoy il ne fault s'esbayr des admirables gestes, que nous lisons des princes anciens: & qu'Alexandre à trente ans, ayant pris la plusgrand part de l'Asie, eust merité le nom de monarque: car son pere Philippes, l'ayant fait instruire, par l'autheur de ce present liure, l'espace de dix ans, disoit souuēt en presence de tous ses gentil hommes (& l'escriuit mesmes à l'Aristote par une espitre, qu'encores auiourdhuy nous lisons) que s'il estoit obligé aux dieux de l'auoir fait estre, que d'autant l'estoit il d'auantaige, par ce qu'il estoit né au temps que l'Aristote pouuoit dignement enseigner celuy qui luy deuoit en si grand empire succeder. Or pensez si l'Aristote, comme le uulguaire & commun des gouuer-

neurs d'auiourdhuy(qui pour auoir humé deux ou trois ans les fumees de la court, pour entendre un laiſſez-courre, & deux traictz de garderobe, auec un mon-compaignon, & trois fois de gentilhõme, ſ'en font croire du gouuernement des princes) n'inſtruiſoit ſon maiſtre que de carrieres, d'eſcrimes, de mues, & du bal? Qui lira la uie d'Alexãdre, uerra quelle grãdeur de couraige, quelz feuz, quelles liberalitez, prudence, humanité, & ſapience, ce diuin ſculpteur de la ieuneſſe, auoit engrauees en la tendreté (qui apres durciſt) des ieunes ans de ſõ maiſtre. Mais ceſte faulte ſi cruelle du temps preſent eſt uenue, par ce que ceux, qui à grand tort ſont appellez à telle dignité, ſe ſont perſuadez, les oyſeaux, & les chiens, eſtre le principal office des princes: qui tout au contraire leur doyuent ſeruir ſeullement, lors qu'il ſont las d'executer les choſes de leur meſtier, de paſſetemps & plaiſirs. Comme ſi apres auoir entendu la façon de prendre, & gaigner le cueur d'un homme, ils courruſſent à la priſe des lieures: ayant eſtudié le moyen d'entretenir l'amitié de ceux qu'ils ont gaignez, ils allaſſent incontinẽt aux carrieres tenir leurs cheuaux en allaine, apprendre à gallopper, & parer iuſte: par ce que les uertus de l'ame doyuent eſtre en leur eſprit les premieres imprimees: & quant à celles du corps, en uſer comme d'exercices ioyeux, au lieu de cartes & de dez. Nous uoyons que pour les lyons on cherche des gouuerneurs plus braues, que pour les cheures, & fault que le coſſon qui ueult dompter un courſier, ou un rouſsin, ait leſchine plus royde que celuy qui ne cheuauche que l'aſne. dont il eſt neceſſairement requis, que celuy qui doit

le

le premier former la ieunesse d'un Prince, soit sçauant en autre chose, auec la congnoissance des chiens, cheuaux, & oyseaux: sans qu'on doyue estimer qu'un front ridé, la barbe grize, ou le sourcil herissant, le face plus Caton, ne plus sage: s'il ignore, comme abcedaire, toutes les sciences & arts. Car sa bõne mine, sa taciturnité pour ne sçauoir que dire, son front chauue & large, son uisaige rebarbatif, ne me rendra ce Prince en rien plus uertueux: si bien que tãt plus i'y pense, tant plus ie m'esbay de ces gros sots embeguinez du temps passé, uoire & de quelques mignõs d'auiourd'huy, qui bãnissans toutes sciences de la noblesse, auoyent relegué les pauures lettres exillantes es isles fortunees: & n'estimoyent gentilhomme que celuy qui ne sçauoit rien. Qu'ay ie dict? Ie m'abuse. c'estoit celuy qui sçauoit bien porter une plume, bien iurer, fondre des pierres de harquebuse, la poche & le furet, auec trois tours de dãce, & deux mots d'Italien escorché. Il est uray que les gẽtils hommes de Lacedemone, d'Athenes, de Cartaige, & de Romme (lesquels du miracle de leurs gestes ont depuis les uoustes des cieux iusques aux abysmes de la terre fait retentir tout l'uniuers) furent si fouls de croire que pour estre uaillant, besoin estoit de sçauoir quelqu'autre chose: tant qu'en ioignant les lettres auec les armes, ils eurẽt les Scipions, les Brasides, les Curses, Xerxes, & infiniz, desquels le moindre pourroit peser un empereur de maintenãt. Les Romains (ie dy ces Romains la desquels l'empire cõmencé en un arpẽt de terre, eust à la fin pour son estẽdue l'Asie, l'Europe & l'Afrique, & n'eust bornes à la fin que l'Orient, l'Occident, le Midy, & le Septentrion: tant que *quelque part que le soleil estincellast, y feust reluysant le nom* Romain*) durerent en la grãdeur de leur empire, autant qu'ils entretindrent les lettres (qui de si petit commẽcement, les auoyent pousez à si haute puissance) ioinctes auec les armes: tellement que si ie me taiz de* Brutus, *des deux foudres de la guerre les* Scipions, *des* Fabies, Camilles, *&* Marcelles *si celebrez & insignes par leurs triumphes, pourtãt ne uous diray-ie,* Monseigneur, *que* Scipion *le* Ieune *pour l'*Afrique *uainqueue nommé l'*Africain, *auoit tousiours les mains pleines du liure œconomique de* Xenophon *: disant qu'il n'estoit iamais moins ocieux, que lors qu'ocieux il estoit. qu'*Alexandre *aussi, comme* Plutarque *recite, portoit au lieu de son poingnart, les œuures d'*Homere. *Et n'estoit qu'il n'est condecent au propos, ny à la brieueté qui est requise en la presente, d'amener les merites & raisons de ceste matiere: ie uous pourroy compter innumerables histoires touchant ce poinct.* La *force d'eloquence representee par* Lucien *en l'*Hercules *de* France, *lequel emmantelé de la peau du lyon, portant arc, trousse & masse, brief en tout & par tout* Hercules, *tire toutesfois une nation de gens enchennez à sa langue par les aureilles.* Aussi *que le facond* Vlysses *au barreau de si sainct iugement, & non corrumpu, emporta les armes d'*Achiles, *& fut preferé à la uaillantie du moins que luy prudẽt* Aiax. Si *ie uous descouure les secrets de ceste herbe moly, tant miraculeuse en* Homere: *la grand tasse, ses anses & ses coulombes, de ce parlãt miel* Nestor: *cõme* Pallas *(par estrange couche, enfantee du cerueau de* Iupiter*) est tousiours par les poëtes dépeinte toute armee pour faire entẽ-*

dre

dre aux Barbares & ignorans, que les lettres armees, & les armes lettrees sont tousiours les plus estimees. Car malheureux, & troisfois malheureux celuy iour auquel le Prince ignorãt & de la seule memoire de ses uertueux ancestres superbe & glorieux, aura charge de commander à la Republique, ou en l'armee. Lequel ne plus ne moins qu'un Phaëton qui monte au chariot ardant & blouëtant pour ne sçauoir moderer la fureur des cheuaux enflammez, brusla partie de l'uniuers: raze & brusle le plus souuent non pas luy seul, mais une Republique & pais tout entier: comme celuy qui pour ne sçauoir discerner le flateur du ueritable, le bon seruiteur du meschant, l'ignorant du uertueux, donnant les charges par fause opinion, est mal seruy, trompé, & trahy mille fois. Car si pour congnoistre le naturel d'un cheual il est requis quelque sçauoir & congnoissance oultre les balsanes & correspondances des membres, à plus forte raison fault il plus grand' sciẽce à congnoistre les hommes: si leur front infidelle, & uisaige menteur, le plus souuẽt nous trõpe: & me croyez, que maugré l'ãcien prouerbe, le lyon ne se cõgnoist pas tousiours aux ongles. Mais le Prince uertueux duquel (cõme estant aßis au theatre de tout le monde) les fautes sont plus euidentes & cõgneuës, dõnera tel exẽple par ses uertueuses entreprises, à tous ceux qui le suyurõt, qu'à grãd peine s'y pourra paslier l'infidele & l'ignorant sans y estre descouuert: ueu que les uertuz en un Prince si bien né, uoire en tout hõme, ont tãt de puissance, que (cõme l'Aristote dit au present liure) detournãt de luy tout malheur, le rendent bien heureux. Parquoy, Mõseigneur, sça-

chant bien que uous auez uouloir de fortifier les armes
par les lettres, & que deſirez nourrir les uertuz de leur
nourriture, qui eſt la ſcience: ie penſay que ce liure uous
ſeroit aggreable: auquel uous uerrez celuy qui feiſt qu'A-
lexãdre merita le nom de Grand, uous deſcrire les uertuz
& actiõs de la uie ſi au uif, qu'il uous ſera impoſsible d'en
ignorer plus rien: & pourrez en les conſiderant (bien que
fortune ne uous ait fait ſi grand ſeigneur que l'Alexãdre)
uous rendre le cueur auſsi grand, le iugement auſsi ſain,
la main auſsi liberale, les yeux autant humains, la memoire auſsi prompte, la langue auſsi faconde & diſerte,
qui ſõt partie des urays meſtiers principaux, & des Princes: uous promettãt ſi ces premiers eſpis uous plaiſent, que
bien toſt aurez la iarbe toute entiere. Il eſt uray que la pe
titeſſe du preſent (ſi preſent ie doy appeller, ce que le ſerui-
ce que ie uous doy, m'a commandé de faire) ne le rendra
enuers uous moins fauorable. Et n'eſtoit que l'autheur luy
meſme des le commencement uous aduertira, que le propos qu'il deduit pour eſtre plain d'enſeignemens & de
diſputes, ne peult receuoir ornement de langaige, ny locu-
tions fallerees, ie uous priroy de pardõner à mes dicts im-
polis & moins elegans: mais oultre ce, aſſez d'autres cho
ſes excuſeront le default de mon rude ſtyle: ſi enuers uous
tant humain à porter les faultes de ceux qui ſont uoſtres,
ie doy baſtir aucune excuſe d'auoir cõmis, cuidant mieux
faire: & uous auſsi qui m'eſtes le deſſus de tout le monde,
trouuant mon labeur bon, en quoy me touche les autres
ſatisfaire & contenter: me ſera il permis de dire aux elo-
quens du iourd'huy, que ſi entre les armes & maladies

un

un guerrier a mal philosophé, mal discouru & sans eloquence, qu'il n'en soit cité ny adiourné: me dirôt ils (comme il fut dict à l'autre) que ie n'y estois contraint par arrest de la court? Mais ie leurs respond, que, comme ceste excuse, à leur iugement, friuole & moins uallable, ne me seruiroit en rien: aussi pour tout ce qu'ils en trouueront de mauuais & facheux à leur estomac, i'auroye grãd peur, & me souciroy lors de m'en excuser, si i'en deuoy estre mis prisonnier en bassefosse, ou par l'un d'eux appellé pour en combatre en estacade. Au moyen dequoy ie n'en diray autre chose, sinon que patiemment ie porteray, que chacun en iuge à son plaisir. Si ie puis estre asseuré que uostre excellence, Monseigneur, me face ceste faueur de trouuer bon ce que i'en ay fait: sans que desiriez en nostre langue Frãçoise, qui est, cõme uous sçauez, pauure entre les uulgaires, telle richesse de parolles que feriez en la Greque, ou Latine: ueu mesme qu'il uous doit souuenir q̃ de plusieurs propres mots, comme de uostre ouerd & stan qu'auez en Ecossois, la langue Frãçoise n'en a de correspondans. Cecy di-ie, à fin que par la pensiez à la difficulté qui est de traduire la plus excellente, copieuse, & ornee de toutes, en celle laquelle, bien qu'ell'ait laissé assez d'autres derrieres elle, desperees non pas de l'attaindre, ains seulement de la suyure: est toutesfois encores en son enfance, & nõ assez fertile & enrichie pour s'egaller à l'opulẽce de la Greque: & de plus, combien il est dangereux pour representer au naïf le sens d'une lãgue en l'autre faire parler Frãçois celuy autheur, qui uouleut escrire presques pour n'estre entendu, & comme un Heraclite rechercher de guet *à pend l'obscurité: qui est si brief en languaige, & abondant en sentence: qui dispute & traitte d'une matiere si arduë en si grand' subtilité: uoire & qui semble parler oraculeusement soubs courtine cõme un* Apollo. *Mais pour uous desennuyer de la longueur de la presente, uous lirez s'il uous plaist cest epigramme.*

S*i le passé* Thimantes *paintre sage,*
Pour ne pouuoir exprimer la tristesse
D'Agamemnon, aux yeux de toute Grece,
Du uoile obscur luy banda le uisaige:
S' il fut meilleur se taire de Cartaige
Pour mieux louer l'orgueil de sa grandesse:
Si pour descrire une diuine hautesse
N'est suffisant des humains le langaige:
E t s'il uault mieux la main ne mettre à l'œuure,
Quand on se uoit par l'œuure surmonter,
Que ne pouuoir accomplir son chef d'œuure:
Ne me fault il pour tes uertuz descrire,
Mettre au deuant silence, & emprunter
De Thimantes *le uoile, & rien n'en dire?*

Τοῦ αὐτοῦ εἰς τὰ ἠθικὰ
Ἀριστοτέλους.

πράξεις, εὐτυχίαν, κ' ἦθος, κἀρετῶν κορυφαίας,
Ἔνθα γράφει θείως, θεῖος Ἀριστοτέλης.

Ex *fumo dare lucem.*

Γεωργίου τοῦ Βίτωνος πρὸς τὸν Φίλιππον Γλίανδον.

Ἤθους καὶ ὀργῶ πέρι, ἃ κελτιστὶ λαλοῦνται,
Σῶν καμάτων ἕνεκεν θεῖον Ἀριστοτέλην,
Κἀκ τοῦ σοῦ καπνοῖο μέγα ἐξέλθον φάος ἡμῖν.
Ὦ 'γαθὲ θάρσει, ὅλως ἔγραφες ἀθάνατα.

Ἀρετὴ αἱρετή.

Presque ce mesme en François par
M. D. de Fousseroue.

D'un chaos tenebreux
L'architecte du monde
Fist reluyre à noz yeux
La lumiere si munde:
Changeant l'obscurité
En luysante clairté.
Ce translateur tresdocte,
En François à peu rendre
L'obscur-grec Aristote,
Et te le faire entendre:
En tirant de fumee
La lumiere estimee.
Là me gist le cueur.

TH. SEB. *au lecteur.*

Qui d'Amadis, de Rogier, de Rolland,
List en François les amours belliqueuses,
Goutte un seucré breuuaige doux-coullant
Pour releicher ses leures mielleuses:

Q*ui y relist le trespas uiolent,*
Et de Didon les douleurs amoureuses,
Poinct d'un regret aigrement chatouillant,
Recuit en pleurs ses amours douloureuses.
Q*ui oit Electre, Hecube, & Iphigene,*
P*laindre en François leur malheureuse peine:*
Voit le rabbais des plus hautes grandeurs.
M*ais qui entend ce Peripatetique*
Parler François, aprend de son Ethique,
L'heur du grand bien qui gist au bonnes meurs.

R. M. & G. PR. *Damoys. au lecteur.*

L*es gestes grands de l'ancien pouuoir,*
Ont fait long temps rougir nostre ignorance:
Et tant qu'ayons armé nostre puissance,
Du corselet d'inuincible sçauoir.
O *siecle heureux, auquel pouuons auoir*
Encor' un coup armes & lettres iointes:
Voire du sang de l'escarmouche ueoir,
(Miracle grand) les mesmes Muses taintes.
R*omme taisez Cesars, & Scipions:*
Lacedemone, & uous Grece arrogante,
Ne uantez plus uoz sçauans champions.
S*i ceste main qui lance & glaiue porte,*
Encor' du sang de l'ennemy sanglante,
Liure si sainct pour butin uous apporte.

P*lus penser que dire.*

QVEL

QVEL FVST ARISTOTE, SON PAIS, ET SES ENFANS.

ARISTOTE *fils de* Nicomache, *medecin du* Roy Amyntas *&* de Phestias *noble femme, naquit en une petite uillette, nõmee* Stagira. *Apres qu'il eust passé partie de son adolescẽce en la* Macedoyne, *il alla estudier à* Athenes, *soubz l'academique* Platon: *ou, iusques à l'aage de uingt ans il se consomma es mathematiques, ne laissant pour ce, d'estre tresexcellent en l'art de* Poësie, *& grand en la cõgnoissance de toutes histoires. Si tost que* Platon *fut mort, il s'en alla uers* Hermias *le tyrant d'*Atarnee, *d'ou trois ans passez le rapela* Philippes Roy *de* Macedoyne, *pour enseigner son fils* Alexandre: *autour duquel il fut pres de dix ans: ne laissant durant ce temps, à escrire & rechercher tousiours quelques secrets des sciences, & de la nature. Lors qu'*Alexãdre *passa son armee en* Asie, *il se retira à* Athenes, *ou par ce que l'espace de treize ans, il enseigna se pourmenant en pleine assẽblee d'escoutans, il donna le nom aux* Philosophes Peripatetiques, *qui depuis furent ainsi appellez: ou, selon aucuns, à cause de* Xenocrates, *duquel* Aristote, *le uoyant desia enseignant, dist: il n'est raison qu'*Aristote *se taise, quand* Xenocrates *enseigne: ou selon les autres, par ce que* Alexandre *se promenoit durant qu'*Aristote *l'enseignoit. Depuis donc tãt pour la crainte qu'il auoit qu'on le feist mourir cõme* Socrates, *par ce qu'il auoit autre opiniõ des dieux que le uulgaire: que pour l'amitié qu'il portoit à*

Antipater, que les Atheniẽs haiſſoyent, il ſe retira en Calchide aagé de ſeptente ans, ou apres auoir fait ſon teſtament, il mourut: l'annee quatre cens deux, apres Romme deſtruitte. Il fut homme de façons honneſtes, douces, & humaines, un peu begue, braue en habits, & graue en ſon port & contenance: aſſez riche, tant par la liberalité des princes, que par la ſucceſsion de ſon pere. il eut deux femmes, l'une Phitais fille ou niepce de Hermias deſſuſdict, laquelle morte il eut d'Herpilis, qui n'eſtoit que ſa garſe, deux enfans, c'eſt à ſçauoir Nicomache ſon fils, & l'autre une fille qu'il maria à Nicanor, qu'il feiſt executeur de ſon teſtamẽt, & tuteur de ſon filz. Sur tous ſes diſciples il aima Theophraſte, mais plus Calliſtenes: pour lequel meſme il ſe rendit ennemy d'Alexandre ſon maiſtre, qui luy auoit eſté ſi liberal & humain: tant qu'aucuns ſont en ceſte opinion, que par ſon moyen, le poiſon fut gardé en la corne d'un cheual, duquel Alexandre fut empoiſonné & mis à mort. Il compoſa liures infinis, uoire plus de trois cens: deſquelz la pluſgrand part, le temps, au fil duquel toutes choſes ſe mynent, a diſsipez & perduz. Entre autres il eſcriuit trois uolumes des meurs & couſtumes de la uie. Le premier contenãt huit liures à Eudemus: depuis deux autres que lon appelle, les grandes Morales: Finablement ceſtuy cy à ſon fils Nicomache diuiſé en dix liures, le plus excellent de tous, & contenant l'entiere intelligence de ceſte diſcipline. Il eſt uray que Cicero, en ſon cinquieſme liure des fins, ſemble uouloir, dire (ſi le paſſaige n'eſt corrompu) que ce fut Nicomache meſme qui les fiſt, & en Diogenes Laert. au Catalogue des liures ilz ne ſont point

mentionnees,

mentionnees, toutesfois à mon aduis que Ciceron *s'abusoit: car en plusieurs passaiges des presens liures, & principallement au premier, l'*Aristote *s'allegue luy mesme, & cite ses liures tant les* Exoteriques, *que ses disputations circulaires.* Mais *soit qui que lon uouldra, il est certain pour le moins, que le liure est plein d'admirable sçauoir & utilité : uoire & du quel, pour le louër, il uault mieux rien ne dire, que de n'en dire assez.*

EX FVMO DARE LVCEM.

LE PREMIER LIVRE DES ETHIQVES D'ARISTOTE Stagirite à ſon filz Nicomache.

TOute doctrine, art, action, eſtude & profeſſiõ ſemble tendre à quelque bien: & pource les anciens ont elegamment diffiny celuy eſtre le bien parfaict, auquel toutes choſes aſpirent, & ſont referees. Mais il ya quelque differẽce entre les fins. Car d'elles l'une eſt en l'action & au faict: l'autre, oultre l'action & le faict, eſt l'œuure & l'execution. Et des choſes eſquelles il ya quelque fin oultre l'actiõ, naturellemẽt les œuures reſſortiſſent meilleures que les actiõs. Mais pource que la multitude des actiõs, arts, & ſciences eſtoit grande: il ya eu pareillement grande diuerſité & nombre des fins. Car la medecine tend à donner ſanté: l'a charpenterie de uaiſſeaux & nauires à adreſſer un fluin: l'eſtat de la guerre pourſuit la uictoire, & le bon gouuernemẽt de la maiſon, une affluence de biens. Et en tous les arts qui tendent à meſme puiſſance & uertu, comme en l'eſtat de l'eſcuyrie (lequel auec l'art de boſſeterie, eperonnerie, & le ſurplus des meſtiers qui forgent inſtrumens pour les cheuaux, auec les deuoirs & inuentions belliqueuſes tend es fins de la guerre:) ainſi en tous les arts & ſciences, qui l'une

Chap. I. Qu'il eſt un bien certain deſiré de toutes choſes: Et que les biens par les choſes deſirez, ſont de diuerſe ſorte.

L'eſtat de l'eſcuyrie.

ſoubz l'autre, ſont eſtudiantes à ſemblable chef d'oeuure, on doit plustoſt elire les fins de l'art & ſcience principale, que de celles qui luy ſont ſoubzmiſes, puis qu'elles ne ſont que pour elle pourſuyuies. Enquoy de rien il n'importe, que les œuures ſoyēt la fin des actiõs, ou bien oultre l'oeuure, quel que autre choſe: comme il eſt apparēt par les ſcience cy deſſus nommees. Mais ſi la fin & conſummation des choſes que nous manions, eſt telle, que pour l'amour d'elle ſeule le deſirāt, & pour elle meſme les autres, nous ne ſommes pour rien autre, à toutes autres choſes affectionnez (Car cela iroit tellement croiſſant en une infinité, que fole & uaine ſeroit noſtre affection) il eſt euident, qu'en telle fin eſt ſitué le bien excellent & parfaict. Et pource la congnoiſſance d'iceluy eſt de grand' importance & pouuoir pour la uie humaine. Car comme archiers, uiſans au blanc, pluſaiſement paruiendrons au but de ce qu'auons à faire. Si ainſi eſt, il fault eſſayer (quoy que ce ſoit en moins elabouré ſtyle) de comprendre qu'el il eſt: & par laquelle des ſciences & facultez on y peult attaindre. Il ſemble que c'eſt principallement par la maiſtreſſe & royne des ſciences, qui eſt la police & ſcience ciuile: car c'eſt celle qui ordonne queles ſciences ſont dignes d'eſtre uſitees en la republique, & queles un chacun doit apprendre, & iuſques à quand on les doit exercer. Nous uoyons meſmes que les honorables & tant eſtimees entre les ſciences, comme l'art militaire,

Chap. 2. La derniere fin de toutes faciendes & negoces eſt plus à conſiderer, que les fins de celles par leſquelles il fault à elles paruenir.

La police.

taire, l'art domestique, & la rhetorique luy sont subiectes. Si donq elle tire à son usaige le reste de tous les arts, dont l'exercice gist en loperation: Si par loix elle commande ce qui est à faire, & à fuir: la fin qu'elle s'est proposee peult contenir les fins de toutes les autres, tant qu'en ceste fin soit le biē des hōmes. Car encores que pareille utilité serue à un, & à une republique : toutesfois c'est un ouuraige plus grand & plus parfaict ce qui profite à plusieurs, comme de les assembler, & maintenir : & bien que ce soit chose honneste & aimable, de penser pour celuy qui est seul: il est certes trop plus excellent & diuin de preuoir aux prouinces & citez. Ceste maniere de doctrine donq qui est ciuile, est toute en ces poinctz situee, & aspire à telles fins: pour laquelle expliquer, il nous suffira descrire en tel style, que la chose proposee le pourra porter. Car il n'est requis, qu'egallement en toute manieres de disputations, les raisons soyēt tant elabourees, & si au uif recherchees : comme ny es ouuraiges des artisans & maneuures. Mais l'hōnesteté & ce qui est iuste (esquels poinctz est cōsideré tout le deuoir de la sciēce ciuile) ont tant de difference, & s'en ensuit si grand erreur, qu'ils semblent estre par la loy seullemēt cōstituez, & non par la nature: uoire que tel erreur pour adherer mesmes aux choses bōnes, a este cause, que plusieurs ont receu d'elles grād dōmaige. Car aucuns par l'abōdāce des richesses, autres par la force du corps & uallētie ont per-

Chap. 3. Par quelle façon se doit expliquer & apprendre la science ciuile.

du la uie. Il sera donc fort à propos, en discourant telles, & de telles choses, de simplement & sans aucune affectation & ornement de langaige, monstrer ce qui est uray. Et disputant de choses qui sont coustumieres d'aduenir, & de leurs semblables, les representer & cõclure telles, qu'elles sont: ueu que par ce moyen, toutes choses d'ont lon dispute, se doyuent receuoir & prouuer. Car l'homme bien institué & praticque de l'usage, doit en chacune espece des choses, autant que la nature d'elles le requiert, rechercher la subtilité. Tellement qu'il y a aussi peu de difference, d'approuuer le mathematicien usant de suasions, que de receuoir de l'orateur une oculaire demonstration. Car un chacun donne bon iugemēt des choses dont il a congnoissance, & d'icelles est uray iuge: & qui s'est faict saige d'aucunes particulieres, par usaige & praticque, il en peult ueritablement opiner: mais celuy peult de toutes uniuersellemēt donner bon iugemēt, qui d'elles a l'entiere congnoissance. Parquoy le ieune enfant n'est suffisant auditeur de la sciēce ciuile, cõme celuy qui ignore les deuoirs qui sont requiz & necessaires en ceste uie, desquels est tiree & parle toute ceste dispute: d'auantaige la ieunesse obeissante & adonnee à ses plaisirs, sans en reporter aucun fruict, pour neāt oyroit les disputes de ceste sciēce, de laquelle la fin & le but proposé ne cõsiste en la congnoissance, mais en l'action & execution. En quoy ie ne fay aucune differēce, si on est ieune d'age, ge, ou de meurs: car le default n'est pas au temps, ny en l'age, mais pource qu'ils uiuēt pleins de leur uouloir, en toutes leurs affaires suyuās leurs affections: tāt qu'à telles gens, cōme impuissans, pour si grāde entreprinse, inutile en seroit la cōgnoissance. Mais ceulx qui rendēt leurs affections subiectes à la raison, & selon elle manient toutes leurs actions, peuuent remporter grād fruict & utilité par l'intelligēce de ceste doctrine. Ainsi donc iusques icy, par maniere de prologue, nous auons deduict, quel doit estre, & l'auditeur, & la methode de l'ēseigner: & ce dont nous auons deliberé de parler en ces presens liures. Maintenāt il fault, qu'en repetāt des le cōmēcemēt, puis que toute science & profession tend à quelque bien, nous determinons ce, auquel nous disōns, que la doctrine ciuile est referee: & en quoy gist l'absolu & parfaict biē de toutes les choses qui se font. Premieremēt quant à son nō, il est presque arresté entre tous comme on la doit appeller: car tant le uulgaire mal apris, que ceulx de meilleure grace, l'appellēt felicité: ayans opinion que l'hōme bien uiuāt, & bien faisant, est bien heureux. Mais ils ont entre eulx grande dissension, à sçauoir que c'est que ceste felicité: & le uulgaire ne l'a estimee estre en telles choses, que le saige. Car d'aucuns la mettēt es choses lesquelles se uoyent à l'oeil, & se sentēt apertement: comme en la uolupté, aux richesses, & en l'honneur: les uns en autre chose, & le plus souuēt un mesme en plus d'une & diuerse. Car lors que

Deux sortes d'estre ieune.

Chap. 4.

Diuerses opiniōs touchāt le bien parfaict.

La felicité.

quelqu'un est malade, il n'estime qu'il y ait autre felicité que la santé, de rechef s'il est pauure, que les richesses: & ceulx qui en eulx mesmes se sentẽt coulpables d'ignorãce, admirent ceulx lesquelz en leurs propos discourent & parlent des choses qui surpassent les forces de leur esprit: les autres par dessus tous les biẽs croyent qu'un bien il y ait, bien de soy, & par soy si grand, qu'il y ait en luy cause suffisante pour faire que tous les autres soyent biens. Mais ce seroit grande curiosité & folie, de rechercher toutes les opiniõs: parquoy il me suffira de reciter principallement les plus excellentes, ou celles qui auront apparence de quelque raison. En quoy gardez uous d'ignorer, qu'il y a grande difference entre les raisons prouenantes des commencemens, & celles qui tendent à uous mener à iceulx: car en ce Platon doubtãt, à bon droit demãdoit lequel des deux chemins lon deuoit plus tost suyure, ou celuy qui du cõmencement tire à la fin, ou celuy qui de la fin menoit au commencemẽt: comme de ceulx qui en la carriere mettẽt pris pour courir à la barre, ou au contraire: ueu qu'il fault prendre son cõmencemẽt des choses qui sont congneues, lesquelles sont de deux sortes: car il y en a aucunes qui à nous sont cõgneues, & les autres cõgneues simplemẽt. Au moyẽ dequoy nous commencerons à discourir de celles que nous congnoissons. Parquoy celuy qui se ueult rendre auditeur facile & diligent à la congnoissance des choses honnestes, iustes, &, pour dire en un

mot,

mot, ciuiles, doit eſtre deſia de ſoy imbu & inſtitué en toutes bonnes meurs: ueu que le uray commencemẽt, c'eſt que la choſe ſoit, puis ſi euidemment on uoit pourquoy elle eſt, on ne doit rien deſirer d'auantaige. Car l'homme de telle ſorte a deſia en ſoy les racines priſes des commencemens uertueux, ou pour le moins il pourra facillemẽt les receuoir. Mais celuy qui n'a l'un, & ueult moins ſ'addonner à l'autre, qu'il entende ce que Heſiode dit en ſes uers:

C'eſt en ſon liure des œuures, & des iours.

» L'homme eſt treſbon, qui de ſoy meſme entẽdre
» Peult toute choſe, & puis le meilleur prendre.
» Et celuy bon, qui obeiſt & ſuyt
» Le bon conſeil, qu'un autre luy a dit.
» Mais qui de ſoy n'entend, & n'eſt docile
» A bon conſeil, eſt un homme inutile.

La felicité ne conſiſte ny aux biens, ny au plaiſir, ny en l'honneur.

Reueuons au propos d'ont nous eſtions ſortiz. ainſi non ſans raiſon le uulgaire, & pluſieurs importuns eſtimẽt le bien abſolu & parfaict, & ceſte heureuſe felicité (le iugeans ſelon l'eſpece & façon de la uie) eſtre la uolupté: & pource aiment ils une uie delicate, & luxurieuſe. Car il y a principallement trois eſpeces les plus excellentes de la uie: celle d'ont maintenant nous parlions, & puis la ciuile, & la troiſieſme, la contẽplatiue. Quãt à la multitude, elle comme eſclauee & ſerue ſemble ſuyure une uie totallement brutale, & le fait pour ceſte raiſon, que la pluſpart de ceulx que fortune a eleuez à la puiſſance de gouuerner & imperer, ſont en-

Trois eſpeces de uie.

Sardanapale fut le dernier roy des Assyriens si perdu de luxure, qu'ē cela il passoit les femmes, dōt despité un Arbacte, preuost en Medie, cōiura contre luy, & le uainquit en une bataille, d'ou miserablement echapé ce roy de luxure, & non pas de uertu, s'enfuit en son palais qu'il brusla, & soy mesme dedans.

uelopez de pareilles affections, que Sardanapale. Mais les mieulx nouriz, & qui passent leur uie au maniment des affaires, n'estimēt autre heur en ceste uie que l'honneur: car à grand peine y a il autre but ne fin proposée à celuy qui uit en l'administration de la Republique: qui toutesfois n'est pas de tel calybre, ny tant à estimer, que celuy que nous cherchōs: ueu qu'il est plus en la puissance de ceulx qui font l'hōneur, que de celuy qui le reçoit. Mais nous sommes en ce presage & opinion, que le bien parfaict, est ie ne sçay quoy de propre, & si fort adherent, que tollir il ne se puisse. D'auantaige ceulx qui suyuēt l'hōneur, & la gloire, le font pour gaigner la reputatiō d'estre uertueux, & bons, uoulās mesmes par la uertu estre reuerez, & receuoir honneur des saiges, & de leurs cōgneuz: il est donq euident, qu'à leurs opinion uertu est la meilleure: tant que quelqu'un la pourroit plus tost prendre pour la fin de la uie politique: elle semble toutesfois n'ē estre point la parfaicte, parce qu'il n'est inconueniēt, que l'hōme uertueux soit endormy, ou sans negocier toute sa uie, & oultre ce affligé continuellemēt de grādes fortunes & miseres: mais personne ne dira (sinon celuy qui uoudra s'opiniastrer à maintenir ce propos) que celuy qui de telle uie est uiuant, uiue heureusement. Toutesfois c'est assez dict quant à ce poinct: puisque suffisamment nous en auons discouru en noz disputes circulaires & publiques. La troisiesme espece de uie, est la contemplatiue: de la

Il nomma ses disputes circulaires, par ce

quelle

quelle nous auiserõs icy apres. Car celle qui est occupee à amasser de l'argent, a en soy quelque uiolence: & puis il est notoire, que les richesses ne sont point ce bien parfaict que nous cherchons: comme celles qui cõsistét es biens utiles, & aimables pour l'amour d'autre que de soymesme: & pource quelqu'un pourroit plus tost estimer, que la derniere fin fust es biens dessusdicts: car il sont pour l'amour de soymesmes aimables: toutefois il ne semble que ce soit eulx: encores que pour le prouuer & confirmer on ait mis en auant & accumulé plusieurs raisons. Ceste dispute laissee, il est plus expedient de considerer ce qui est bon uniuersellement, & deduire comme il se doit appeller. Bien que ceste question nous soit difficile & facheuse, pour l'amitié que nous portõs à ceulx qui ont introduit les idees: toutesfois il sembleroit possible meilleur que pour maintenir la uerité il fauldroit mesmes reietter ses plus familieres opinions, uoire & ceulx principallement qui font profession de philosophie. Car encores que l'amitié & la uerité soyẽt toutes deux amies, si est ce qu'il est plus excellent de rendre le premier honneur à la uerité. Et ceulx qui ont mis en auant telle opinion, ne faisoyẽt aucune idee des choses, esquelles ils disoyent estre quelque chose de premier & de dernier: & pource n'ont ils point composé d'idee des nombres. Mais le bien se dit de ce qui est bon en sa substance & de soy mesme, de ce qu'il est en sa qualité:, & des choses les

qu'en pleine asseblee d'auditeurs se promenant il enseignoit.

Chap. 6. Que la fin & bien des idees selon Platon, n'est pas le biẽ parfaict.

quelles, à cõparaiſon d'autres, ſont bõnes eſtimees: deſquelles celuy qui l'eſt de ſoy, & de ſa ſubſtance, ſelon nature eſt premier à ceulx qui le ſont par cõparaiſon : car cela reſemble à la propagation, & à ce qui ſuruient à la choſe, depuis qu'ell'eſt en ſon eſtre : & pource de telles choſes il ne peult eſtre quelque idee commune. D'auantaige ſi le bien ſe dict auſſi generallemẽt, que ce qui eſt: (car il eſt un bien de ſa propre ſubſtance comme DIEV, l'ame & la force de la nature : un autre en qualité, comme les uertuz: un autre en quantité, cõme moyen & mediocrité: & des choſes qui ſont eſtimees bonnes par comparaiſon, comme l'utilité, qui ſont ſituees au temps, comme l'oportunité: aux lieux, cõme un endroit commode pour habiter: & d'autres aſſez qui ſont de pareille eſpece.) il eſt manifeſte que ce ne peult eſtre une ſeule choſe qui ſoit commune & uniuerſelle: car il ne pourroit eſtre de toutes les categories, ains d'une ſeulement. Et puis ſi de toutes choſes à une ſeule idee attribuees, il n'y a qu'une ſeule ſcience: il eſt auſſi neceſſaire, que tous les biens ſoyent en une ſeule compris. Mais de rechef il ya pluſieurs ſciẽces des biens, & des choſes compriſes ſoubs une ſeule categorie, cõme de l'occaſion: c'eſt à ſçauoir durant la guerre, la prudence militaire: en maladie, la medecine: en la mediocrité, pour le mẽger la medecine & diette, & pour les labeurs & trauaulx, l'exercice, & refreſchiſſemẽt du corps. Mais quelqu'un pourroit doubter, que c'eſt qu'ils

Categories ce ſont dix genres parfaicts auquels toutes choſes ſont referees chacune ſelon ſon eſpece, cõme eſtre, la qualité, quantité, faire, le lieu, action, & le reſte des autres que les Latins appellent predicaments.

La gymnaſtique.

qu'ils se ueulent dire, quand auec ce pronom (cestuy) ils nomment une chacune chose: puis que la diffinition est tousiours pareille, de l'homme: soit qu'on die cest homme, ou l'homme: car ils ne sont en rien discordans, qu'un homme ce ne soit: s'il est donq' ainsi, entre ce bië, & le bien, en tant qu'ils sont biens, n'y a point de difference: ny pour estre eternel, il n'en est de rien meilleur, ne plus grand: ueu que la blancheur qui peult long temps durer, n'est pas plus blanche que celle qui n'est que iournaliere. Au moyen de quoy les Pythagoriciens, qui mettent l'un en l'ordre des biens, selon mon aduis en ont parlé plus probablement: & Speusippe semble aussi les auoir suiuy. Mais touchant ce propos i'ay deliberé d'en parler plus amplement en un autre endroit: toutesfois de ce que cy dessus nous auons recité (par ce que nous n'auons discouru de tous les biens) il en sourd une doubteuse question: car il s'en dit d'une espece, qui sont pour l'amour de soymesme aimez & poursuiuiz: & puis les autres, qui ou pour les auoir faicts, & aidez à estre tels, ou aucunement contregardez ou defenduz des maulx à eulx contraires, sont pour l'amour d'iceulx, & pour quelqu'autre raison dicts biës & estimez. Parquoy il est ores manifeste, qu'il y a deux genres & especes de biens: les uns biens par soymesmes: & les autres qui le sont à raison d'iceulx. Ayant doncq separé des biens utiles ceulx qui le sont de soymesmes: uoyons s'ils sont attribuez

Speusippe fut nepueu de Plato: uoy ce que dit de luy Aule Gelle, chap. 17. du liure 3.

Deux sortes de biens.

Monsieur vous nestes pas tout afait trompé quand vous croyes que ie me pleigne de vous ny ...

à une ſeule idee. Tout homme dira que les biens de ſoymeſmes ſont ceulx leſquels il deſire & pourſuit ſeuls, ſeioincts & ſeparez de toutes autres choſes, comme ſçauoir, uoir, certaines uoluptez & hōneurs (car encores que nous les pourſuyuions pour quelqu'autre fin, ſi eſt il permis de les compter entre ceulx qui ſont biens par ſoymeſmes) ou que le bien ne conſiſte qu'en la ſeule idee, tellement que l'eſpece en doyue eſtre ſuperflue. Si donq' ils ſont ſemblables à ceulx qui ſont biens pour ſoymeſmes, il ſera de neceſſité que la diffinition du bien ſoit en tous pareille, comme de blancheur la neige, & en la ceruſe. Mais l'honneur, la prudence, & la uolupté, en ce qu'ils ſont biēs, ont diuerſe diffinition: il n'eſt donq' aucun bien commun, qui ſe puiſſe attribuer à une ſeule idee. Comme donq ſe diront ils? car ils ne ſemblent pas aux choſes, deſquelles, par cas fortuit, le nom ſ'eſt trouué ſēblable. Eſt ce point pource qu'ils ſont diriuez & deſcenduz d'un meſme, ou à un meſme referez, ou plus toſt par la proportion & conference? Car comme au corps le regard, ainſi en l'eſprit eſt la penſee, & un autre en l'autre. Mais il ſera poſſible bon de laiſſer pour le preſent ceſte matiere: car d'en diſputer en telle diligence que le ſubiect le requiert, il eſt plus propre à une autre maniere de philoſophie. Pareille auſſi eſt la raiſon de l'idee, ueu que ſ'il eſt quelque bien qui ſoit un, & qui ſoit dict communement des autres, ou ſ'il eſt ſeparé & à ſoy, il eſt euident que tel bien ne peult

Ceruſe eſt un fard & drogue compoſee de plomb & de uinaigre, de laquelle Dioſcoride parle amplement. Les dames en Italie ſ'en fardent, & l'apellent Biaca, & [illegible], cōme ils faiſoyent ancienement, auſsi ainſi qu'il appert par Xenophō en ſon Oeconomique.

peult estre en l'action de l'hõme, ny en la possessiõ: quel est ce que maintenant nous demandons. Toutesfois de prime face la congnoissance d'iceluy (à l'opinion de quelqu'un) pourroit sembler meilleure pour tous les biens qu'on ueult faire, & ceulx ausquelz on ueult paruenir: car si un tel bien nous est proposé pour exemplaire, plus facillement entendrõs ce qui nous est bon & salutaire, & l'ayãt entendu, le pourrons obtenir & en iouir. A la uerité ce propos est fondé en quelque foy & suasion: mais non pas sans grande cõtrarieté des arts & sciẽces: lesquelles nonobstãt que toutes à quelque bien soyent aspirantes, & qu'elles cherchent tousiours ce qui est en l'art deffaillant, toutesfois elles obmettẽt toutes la cõgnoissance d'iceluy: encores qu'il ne soit raisonnable que tous les artizans soyent ignorans de si grand secours & acroissemẽt, sans se mettre au deuoir de la rechercher. On pourroit aussi demander, quel ayde & acroissement peult apporter au tisserrant, & au feuure en leur art, l'inteligence de ce grand bien: & par quel moyen le medecin sçaura mieulx guarir, & le chef d'armee mieulx faire la guerre, s'il contemple & considere c'este idee? Car il est certain que le medecin n'a esgard par tel moyen à la santé, ains à l'homme, & particulierement à chacun malade, ueu qu'il ueult medeciner chacun en particulier. toutesfois il suffist quant à ce poinct. Reuenons maintenant à ce bien lequel nous cherchons, affin que nous puissions cõceuoir

Chap. 7. Quel est le subiect de la felicité.

que c'eſt : car ueritablement il n'eſt pareil en toutes actions & arts : puis qu'il eſt autre en la medecine, autre en la ſcience militaire, & ſemblablement au reſte des autres. Quel eſt donq le bien propoſé à chacun art? eſt ce pas celuy à quoy toutes choſes bië faictes ſont referees? en l'art de guarir, ſanté: en la militaire, uaincre: en l'architecture, une maiſon: & ainſi des autres, en toute action & profeſſion, la fin & perfection : car à cauſe d'elle tout le monde fait toutes choſes: tellement que ſi des choſes qu'on manie, il y a quelque fin, en ceſte fin giſt le bien qu'on doit faire : & ſ'il y a pluſieurs fins, il eſt pareillement en elles. Ainſi noſtre propos eſt reuenu la ou nous l'auiõs delaiſſé: & pource il nous fault efforcer d'en donner plus euidëte explication. Mais par ce qu'il y a pluſieurs fins d'eſquelles nous en deſirons aucunes pour l'amour d'un autre, comme les richeſſes, les hauboys, & en un mot, tous inſtrumës: il eſt manifeſte qu'ils ne ſont pas tous parfaicts : celuy toutesfois qui eſt tresbon, eſt auſſi treſparfaict: ſi dõc il y en a quelcun parfaict de tous poincts, en celuy conſiſte ce que nous cherchons, & ſ'ils ſont pluſieurs au plus parfaict & abſolu d'eulx tous: determinãs que celuy lequel pour ſoy ſeulemët eſt a pourſuyure & deſirer, eſt trop plus parfaict que celuy qui l'eſt pour autre : & celuy qui n'eſt pour aucun autre à choiſir & deſirable, eſt plus grand que tous ceulx qui le ſont pour l'amour de ſoy, & pour un autre. Celuy donq eſt totallemët parfaict & abſolu,

ſolu,lequel touſiours pour ſoy, & iamais pour autre n'eſt deſirable: quele ſemble eſtre urayement la felicité,car nous l'a deſirons & pourſuyuons touſiours pour l'amour d'elle meſme, & nullemēt pour rien autre. & bien que nous deſirons l'honneur, la uolupté,l'intelligēce & toutes uertuz pour l'amour d'elles ſeulement:(tellement que ne l'aurions, encores qu'il ne nous ſuruint autre opinion d'en tirer utilité de ſouhaiter une chacune d'icelles)ſi eſt ce que nous les deſirons auſſi pour paruenir à la felicité, eſperans par elles de deuenir bien heureux. Mais quant à la felicité, il n'eſt homme aucun qui la deſire pour toutes ces choſes,ny uniuerſellement pour nulle autre: ce qui prouient de la ſuffiſance & contentement qu'elle contient en elle meſme. Car le bien qui eſt de tous poincts parfaict & abſolu,a en luy pouuoir de contenter & ſuffire: nous entendons pour contenter & ſuffire, non ſeullement à l'homme ſeul & uiuant ſeparément de tout autre, mais oultre luy, à ſes parens, enfans, femme, tous ſes amis, & citoyēs:ueu que la nature a rendu l'homme ciuil & compaignable. Il fault toutesfois neceſſairement le terminer de quelque but & extremité:car ſi nous l'eſtendions iuſques aux parēs,aux enfans des enfans, & aux amis des amis, ce ſeroit choſe ſi infinie,qu'on n'en trouueroit iamais la fin. Mais touchāt ce poinct nous en parlerons en autre lieu.Nous eſtimons donq que le bien qui emporte en luy contentement & ſuffiſance,eſt celuy qui n'a

La felicité a en ſoy & de ſoy, de quoy contēter tout le monde.

besoin d'autre, mais peult tout seul rendre la uie desirable: quele pensons que soit la felicité, laquelle sans estre ioincte à aucun bien, est plus desirable que tous ensemble, & y estant ioincte, fusse auec le plus petit, est beaucoup plus à estimer que separée: car la force du bien adioinct fait le tout plus excellent & meilleur: mais le plus grand des biens est tousiours plus desirable. Il est donq à present tresmanifeste, que la felicité est quelque chose de parfaict, & de soy mesme contéte: comme celle qui est le but, & la fin de toutes actions & manimens. Mais encores que possible entre tout le monde ce semble estre une chose asses accordee & confessee, de dire, que la felicité soit appellee le bien parfaict: si est ce que ceste dispute requiert plus grande declaration: l'aquelle incontinent se pourra auoir, si on entend quel doit estre le deuoir & l'ouuraige de l'homme. Car ne plus ne moins que l'organiste, le statuaire, & generallement tout artizan, & tous ceulx lesquelz ont quelque negoce ou besongne à faire, mettent la perfection, la fin, & le bien de leur art, en l'œuure: l'homme pareillement doit aduiser de son office & deuoir, s'il en est aucun. Donq' en un charpentier, & rauaudeur seront certaines actions, offices, œuures, & deuoirs: & l'homme ne sera tenu d'aucuns, mais comme né à rien ne faire, uiuera ocieux & inutile? A scauoir, si cõme l'oeil, la main, & les pieds, chacun en particulier font leur deuoir & office à executer, uous n'ordonnerez semblablement, mét, oultre toute ces choses, aucune charge ny actiõ à l'homme? quelle sera elle donq? Car quãt à la uie, ell'est commune entre luy & les arbres: & puis si nous cherchons le bien qui est propre à l'homme, il ne fault point mettre en auant ceste uie uegetatiue, de nourir, croistre, & decroistre. Apres elle suit la uie, qui est gouuernee & dirigee par quelque sens: mais de rechef elle est cõmune aux cheuaux, aux bœufz, & à tous animaux. Parquoy il n'en reste que celle, laquelle en quelques actions demenee, tire de la partie raisonnable de l'esprit, usaige de raison: de laquelle l'une force & puissance est celle qui obeist à raison: l'autre en laquelle est excogitee & gist ceste raison: mais puis que la force de celle la est double, il fault determiner & constituer celle, qui se cõgnoist par l'action & le faict, ueu qu'il semble que c'est celle, qui est plus proprement dicte raisonnable. Donq si ainsi est, que l'œuure & le deuoir de l'homme soit une action de l'esprit qui participe & consent à raison, ou pour le moins qui n'est d'elle alienee, nous disons que l'ouuraige & office de celuy, entant qu'il est excellẽt, & qu'il ne l'est point, est en mesme espece: comme du harpeur, & de l'excellent harpeur, & generallement cela se doit ainsi en toutes choses obseruer, quand on adiouste à l'ouuraige, ou à l'office, ceste excellence de la uertu: car le deuoir du harpeur est de toucher les cordes: mais de l'excellent, c'est de les bien toucher. Si ainsi est, nous conclurons, que le faict & deuoir

Trois especes de uie.

Le deuoir de l'homme.

de l'homme eſt une uie, & ceſte uie en œuures & actions de l'eſprit faictes ſelon raiſon : & que c'eſt à l'hõme de bien & ſtudieux de la uertu, d'executer icelles actions bien & excellemment : d'eſquelles une chacune ſelon ſa propre force, ſe peult paracheuer & conduire à la fin. Donques ſ'il eſt ainſi, le bien de l'homme eſt une actiõ de l'eſprit, ſelon uertu: & ſ'il y a pluſieurs uertuz, ſelon d'elles la perfection & bonté plus abſolue: & dauantaige en une uie parfaicte. Car comme pour auoir ueu une ſeule hirondelle, ou ſenty la chaleur d'un beau iour, on ne doit ſ'aſſeurer du printemps : ainſi un ſeul iour, ou brieue eſpace de temps, ne peult beatifier l'homme, n'y le rendre heureux, & par telle raiſon ſoit le bien parfaict determiné & diffiny. Car lon doit poſſible premierement tirer les premiers traictz, & puis auec la derniere main repaſſer par deſſus: & ſemble qu'un chacun peult repreſenter & diſtinctemẽt expliquer les choſes, dont il a premis quelque bonne deſcription : & que le temps de telles choſes inuenteur, les peult de beaucoup aider & ameliorer: d'ou uient que les arts apres auoir eſté en temps inuentez, par le temps meſme ſont paruenuz de ſi petit commencement à ſi grande perfection : par ce qu'il eſt aiſé à chacun d'aiouſter ce qui eſt en l'art deffaillant. Mais nous deuons auoir ſouuenance de ce qu'auons deſſus dict : ſçauoir eſt, qu'en toutes ſortes de traitez & diſcours, on ne doit pareillement requerir la ſubtilité, ains en

Le bien de l'homme.

Le temps.

en chacune ſelon la nature de la matiere miſe en diſputation, & d'autant qu'il eſt propre & conuenant à la maniere & methode qu'on doit ſuyure. Car l'architecte & le geometre ne cherchent pas de meſme façon la rectitude de l'angle : mais l'un, en tant qu'il eſt utile pour ſon ouuraige de le trouuer: l'autre (qui ne contẽple que la uerité) pour ſçauoir que c'eſt, & quelle elle eſt. Et ainſi fault il faire en toutes choſes, à fin que ce qui eſt ſuruenant & oultre l'œuure ne ſoit plus recherché, q̃ l'œuure meſme: ſans qu'il faille en toutes choſes, de pareille ſorte, deſirer la raiſon & la cauſe : ains c'eſt aſſez en d'aucunes de bien demonſtrer que la choſe eſt, comme es premiers commencemens. Car le premier & le commencement c'eſt, que la choſe ſoit: & ces cõmencemens ſont entenduz & declairez les uns par induction, les autres par quelque ſens, aucuns par une couſtume, & les autres autrement. Mais il fault ſ'efforcer de deduire le naturel de chacun d'eux, & mettre peine à les bien determiner & expliquer, par ce que telle explication eſt de grande importance pour les choſes qui ſ'enſuyuent. Le commencement certes ſemble eſtre la moittie de la choſe entiere, & que par luy la pluſpart des choſes, deſquelles on ſ'enquiert, ſoyent miſes en euidence & entendues. Tellement qu'il fault conſiderer ce commencement, non ſeullement par concluſions, & par les choſes deſquelles ſe faict la diffinition & demonſtration raiſonnable : mais auſſi

Le commencement.

Chap .8. Que ſon dire accorde auec celuy des anciens philoſophes quant à la felicité.

en diſcourant toutes celles, que lon à de luy dictes. Car tout ce qui eſt uray accorde auec ce qui urayemẽt conſiſte es choſes: & du faulx la uerité eſt incõtinẽt diſſonãte. Veu donq qu'il y a trois eſpeces de biens, ceux de la fortune, ceux de l'eſprit, & les autres du corps: nous diſons q̃ ueritablemẽt & principallemẽt, ceulx de l'eſprit ſe doyuent nõmer biens. Puis en mettant les actions de l'eſprit, deuoirs, & offices en l'eſprit, nous auons certainemẽt aſſez elegammẽt parlé, & ſelon l'opinion qui eſtoit anciennement, & par uieux philoſophes confeſſee & approuuee: non moins auſſi raiſonnablement, qu'en quelques actions & œuures eſtoit la fin: car par ce moyen tout reuiendra & appartiendra aus biens de l'eſprit, & non point aux exterieurs. Auſſi cela eſt conſonant & conforme à noſtre diffinition, Que par bien uiure, & par bien faire, eſt l'homme bien heureux. Car nous n'auons eſtimé le bien abſolu & treſgrand d'eſtre preſque autre choſe, que la bonne uie, en bonnes œuures, & actions, auec raiſon demenee. Et me ſemble qu'es choſes eſquelles nous auons ſitué la felicité, ſont miſes toutes celles qui ſont pour elle requiſes. Car à d'aucuns elle ſemble eſtre en la uertu, autres la mettent en la prudence, quelques uns en la ſapience, & les autres en l'un d'iceulx, y adiouſtans ou ſeparans la uolupté: les autres auſſi y adiouſtent une abondance de biens de la fortune: & celle la fut la raiſon & ſentẽce de plusieurs, & des anciens: mais ceſte cy, de peu, & excellens

Trois eſpeces de biens.

lens hommes : desquels, ny les uns, ny les autres, il n'est raisonnable d'estimer qu'ils ayét en tout erré, mais bien en quelque endroit, ains qu'en la plus grand partie ils ayent suyui le uray chemin. Mais quant à ceulx qui dient, que la uie heureuse est en toute la uertu, ou en quelque uertu, nostre raison accorde: par ce que la felicité est une actiõ uertueuse. Certes il importe possible beaucoup, si on met le bien si parfaict ou en la possession, ou en l'usaige, ou en l'habitude & constume, ou en l'action : car il peult aduenir que celuy en qui est celle habitude ne face ou administre rien d'excellent, cõme ceulx qui dorment, ou qui sont en autre façon ocieux. Mais quant à celuy en qui est l'action, il est impossibile, ueu qu'il ne peult estre qu'il ne face tousiours quelque chose, & ce honnestemét: car cõme aux Tournez olympiques, ny les plus beaux, ny les plus forts ne sont point couronnez: ains ceulx qui cõbattent, par ce que quelqu'un d'eulx est uicteur: ainsi entre ceulx qui uiuent une uie bonne & honneste, ceulx là paruiennent au contentement, qui executent & administrent toutes choses iustement & raisonnablemét: desquels la uie d'elle mesme est plaisante, pour ce que le plaisir appartiét aux affections de l'esprit: & chacun prend plaisir en ce dont il est couoiteux, cõme d'un cheual, celuy qui les aime: d'un spectacle, celuy qui desire les cõtempler: semblablement les choses iustes, à celuy qui desire iustice: & uniuersellemét toutes choses uertueuses aux ama-

L'habitude est une si grãde & longue accoustumãce qu'elle s'est quasi en une seconde nature conuertie.

C'estoyét les combats & ieux qui se faisoyét es mõts d'Olympe, ou en la uille de de Pisa, de cinq ans en cinq ans, desquelz pindarize tát Pindare en ses Odes.

teurs de la uertu. Mais les choses desquelles le uulgaire se delecte, sont contraires & discordantes: par ce que de leur nature elles ne sont telles que les susdictes. Au cõtraire les honnestes ne prennent plaisir qu'es choses, lesquelles de leur force & nature sont plaisantes, comme sont les actions uertueuses: tāt que, par ce qu'elles pour l'amour d'elles seules leur sont agreables & ioyeuses, leur uie n'a besoin d'autre plaisir, comme emprunté ou suruenant, ains contient en soy toutes uoluptez & ioyes. Car oultre ce qu'auons predict, on ne doit tenir celuy pour homme de bien, qui ne se delecte & reiouist de toutes bonnes & honnestes actions. Et qui diroit celuy estre iuste, qui ne prend plaisir à faire iustement? ny liberal, auquel les œuures de liberalité ne sont agreables? semblablement aussi de tous autres. Et si ainsi est, il fault auouer que les actions uertueuses sont par soy plaisantes, bonnes & honnestes, & mesme parfaictemēt tous ces trois: ueu que l'homme uertueux de tous ces trois iuge à la uerité, & en iuge ainsi que nous auons dict: parquoy la felicité est une chose tresbonne, tres honneste, & tresplaisante: car il ne les fault separer selon l'epigramme escrit en Délos:

» La iustice est le myeux:
» Santé le plus louable:
» Iouir de chose aimable,
» Tousiours le plus ioyeux.

Car toutes telles choses cõsistent es bõnes actions: esquelles

esquelles ou en l'une d'elles la meilleure, nous disons qu'est la felicité:qui toutesfois (comme auons dict) a quelque besoin des biens exterieurs:car il est impossible, ou pour le moins mal aizé, que l'homme indigent puisse uenir au dessus des grãs ny estimables affaires:à cause que plusieurs choses se conduisent à fin par amis, par argent, & par l'auctorité & puissance qu'on a en la Republique, comme par instrumẽs & moyens:& aucunes il y a, desquelles l'absence & le default offense & tache beaucoup l'heur de la uie:comme faute de noblesse, d'enfans, de bonne grace:car celuy ne peult aisémẽt paruenir à la felicité qui est difforme, de mauuaise grace, & representation:ou celuy qui n'est issu de race noble, ou qui uit solitairemẽt, ou qui est sans enfãs, uoire possible moins celuy qui en a d'abandõnez & meschans:ou de qui les plus parfaicts amis sont morts: ainsi dõc comme nous auõs dict, telles prosperitez & cõmoditez y sẽblẽt estre requises: d'ou procede qu'aucũs ont estimé que ce fust tout un que la bõne fortune, & la felicité: aucuns aussi que la uertu. De là est sortie la question qu'on faict, à sçauoir si par doctrine ell's'aquiert, par coustume, ou par quelque autre exercice: ou si c'est point par quelque diuine destinee, par cas fortuit, & de hazard. Certes si les dieux ont faict present de quelque autre bien aux hõmes, il est raisõnable d'estimer que la felicité soit un don diuin, principallemẽt à cause que de toutes hoses humaines ell'est la meilleure, & la plus excellente: mais possible que ceste question se deduira plus à propos en une autre disputatiõ. Il semble toutesfois qu'encores que la felicité ne soit des dieux trãsmise, ains par uertu, discipline, ou accoustumance acquise aux humains, qu'elle est des choses diuines & celestes: car le loyer & la fin de uertu est un bien tresbon, & heureux. Par ce moyen le biẽ sera grandemẽt commun, ueu qu'il pourra estre en tous ceulx qui n'estans empeschez par faulte du corps, ou de l'esprit, se pourront par diligence & discipline acquerir la uertu. Ce qu'il fault par raison confesser ainsi estre, s'il est meilleur de se rẽdre par tel moyen heureux, que par cas fortuit, & de hazard. Veu que tout ce que la nature engendre & fabrique, c'est en la plus grande perfection d'excellẽce & beauté qu'il est possible: comme aussi tout ce qui procede de l'art, ou de quelque cause, & principallement de celle qui est la meilleure: & que se seroit crime trop execrable d'attribuer la meilleure chose de toutes, la plus excellẽte, & la plus belle à fortune: d'auantaige ce que nous cherchons est assez euident & entendu par la diffinition: car nous auons dict qu'elle estoit quelqu'action & œuure de l'esprit, conuenãte à uertu: & que partie des autres biens y estoyẽt necessaires, partie y apportoyẽt (comme instrumens & moyens) grand aide & utilité: qui est conforme à ce que des le cõmencemẽt a esté dict: car nous auons mis la fin de la science ciuile, en ce bien tresgrand & tresparfaict: par ce que le plus le plus grãd de son deuoir & estude, c'est qu'elle rẽde ses citoyens tels qu'ils soyent bons & suffisans pour entreprẽdre & executer toutes choses grãdes & honnestes. A bon droit donq nous n'estimerons le bœuf, ny cheual, ny autre espece d'animaux pouuoir estre heureux, ueu qu'il est impossibile qu'ils puissent en rien participer de telles actiõs: par mesme raison ny l'enfant, comme celuy lequel par l'age n'en est idoine: & si aucuns sont estimez estre heureux, c'est pour l'esperãce & l'expectatiõ qu'on a d'eux conceue: car, comme nous auons dict, il est besoin, auec la uertu absolue, d'une uie entiere & parfaicte: par ce que durant la uie suruiennent plusieurs mutations & diuers changemens de fortune: & peult aizément aduenir, que celuy qui aura tousiours uescu en grand heur & contentement, es derniers iours de sa uieillesse tombe en mille incõueniens & dangiers: ainsi qu'es liures heroiques il est de Priam par les poëtes escrit. Mais aucun n'estimera celuy bien heureux, lequel apres la iouyssance de si bonnes fortunes, est mort si miserablement.

A sçauoir donq demãdera quelqu'un, s'il ne fault penser qu'aucun, tandis qu'il uit, soit heureux: ou si selon l'aduis de Solon, on doit attendre la fin de la uie paracheuee: & si lon en doit par telle raison estimer & ordonner, est il aussi heureux lors qu'il est mort, ou si c'est une demãde totallemẽt friuolle & absurde? ueu que, selon nostre dire, la felicité est en quelque actiõ? Mais si nous n'approuuõs que

Chap. 10. Si l'hõme est heureux tãdis qu'il est en uie.

celuy qui a finy la uie, ne ſoit dict heureux, ce que Solon auſſi ne uouloit, ains qu'à lors aſſeurément l'homme eſtoit bien heureux, quand de tous maulx & dangiers il eſtoit deliure & eſchappé : de quoy toutesfois il peult ſortir une doubte : car encores que le mort n'en ſente rien, ſi eſt ce que ſi aucuns biens & aduerſitez luy touchoyent durant la uie, qu'apres ſa mort il n'en ſemble eſtre exempt, comme d'honneur, d'infamie, de ſes enfans, & en ſomme de toute ſa poſterité, quant aut faicts & geſtes proſperes, & aux mauuaiſes fortunes. De rechef cecy demeure doubteux : car il ſe peult faire qu'apres la uie iuſqu'en uieilleſſe heureuſement menee, & la mort non moins heureuſe, ſ'enſuyue un grand chãgemẽt en la poſterité : dont les uns ſoyent gens de bien, & menans la uie ſelon honneur & dignité, les autres au contraire : ueu qu'il eſt euident, que par laps de temps les enfans ſont tout autres que leurs peres. Toutesfois il ne ſeroit moins inepte d'opiner, que de celuy qui eſt deſia mort, l'eſtat ſe puiſſe changer, & que de bien heureux il deuienne miſerable : bien que ce ſoit ſans propos, qu'en rien, & iamais l'eſtat & fortune de la poſterité n'appartiẽne aux predeceſſeurs. Mais rentrõs en la demande que nous faiſions cy deuant : car en l'entendant, poſſible que ce que preſentement nous demandons, ſ'entendra. Si donq auant que iuger que quelqu'un ſoit heureux, il fault auoir egard à la fin de la uie : non qu'à lors il ſoit heureux, mais cõme celuy

celuy qui l'a parauant esté: qu'est ce qui empesche aussi qu'absurde & inepte ce ne soit, lors que quelqu'un est heureux, ne dire à la uerité de luy ce qui en est? puis que nous ne uoulons admettre que les uiuans pour l'abondance de mutations de la fortune, soyent alors heureux: & qu'estimons la felicité estre une chose si stable, que nullement changer ne se puisse: & les hommes subiectz à estre souuét circuits, & ballãcez par la fortune? Ainsi il appert qu'é suyuant le discours de fortune, souuent nous iugerons un mesme estre heureux, & puis de rechef miserable: faisans de l'hõme heureux ainsi peu stable, un Cameleon: ou qu'il n'est aucunemét bõ ny droit de suyure, & considerer la fortune: ueu qu'en elle ne gist ny d'estre heureux, ny le cõtraire: encores que la uie humaine (comme i'ay dit) ait d'elle quelque besoin: les seules actions & œuures uertueuses ont en elles puissance de rendre heureuse la uie, & les uicieuses de l'empescher: ce qu'assez encores tesmoigne ce d'ont maintenant nous doubtons. Car entre toutes les choses humaines, il n'est rien si asseuré, ny stable, que les actions uertueuses: ueu qu'elles sont plus durables & constantes que les sciences: desquelles celles qui sont les plus honorables, sont d'autant plus stables: & par ce que principallement les plus heureux des hommes, employent toute leur uie à les exercer & pratiquer: car cela semble estre cause que la memoire d'elles, n'est iamais effacee: parquoy l'homme heu-

Le Cameleon est si chãgeãt & muable, qu'à tous moments sa peau esblouït aux yeux par la grand uarieté de couleur dont il change: il a, cõme dit Elian, la peau si dure, que combatãt contre les serpens, il ne luy peuuent entamer le cuir, mais s'y edentent.

L'hõme heureux ſe doit touſiours reſembler.

reux aura ce que nous deſirons en luy pour eſtre tel, & ſe reſemblera tout le long de ſa uie. Car touſiours (mais principallement en toutes ſortes, & ſans ceſſe) il penſera & executera toutes choſes uertueuſes: & portera ſur tout, & en toute façon ſaigement & modeſtement, tous les accidens de la fortune, comme un homme ueritable, bon, & rond, qui n'eſt ſubiect à aucun uitupere ne reprehenſion. Mais ueu que les choſes fortuites ſont differentes en petiteſſe & grandeur: celles qui ſont petites, tant les heureuſes, que les mal fortunees, ne ſont pas de grand pouuoir au diſcours de ceſte uie: les grandes, ſi pluſieurs d'elles ſont proſperes, augmentent de beaucoup l'heur de la uie: car de leur nature elles ont en elles meſmes dequoy l'orner, & augmenter: auſſi que la commodité qu'en uſant d'elles, on reçoit, eſt pleine de gloire & de dignité. Celles auſſi qui aduiennent au contraire, encores qu'elles offenſent, & moleſtent la uie heureuſe: (comme celles qui apportent grandes facheries, & qui empeſchẽt pluſieurs entrepriſes) ſi eſt ce toutesfois, qu'alors l'excellence de la uertu apparoit & reſplendit, quand quelqu'un porte moderément la multitude de ſi grandes fortunes & deſaſtres, non pas ſans ſentimẽt & congnoiſſance du mal qu'elles luy font: mais d'un cueur genereux, & comme magnanime. Si donq (ainſi que i'ay dict) des actions, comme maiſtreſſes, depend l'heur de la uie, certes nul homme heureux ne peult aucunement eſtre miſerable:

Il appelle en grec πετράγωνον, auiourdhuy nous l'appellons rond, bien que ce ſoyẽt contraires dictions, toutesfois elles deſignent un meſme ſens.

miserable : ueu mesme qu'il ne commettra rien odieux, ny meschāt. Car celuy qui est urayemēt bō & prudēt (cōme ie pense) portera en son couraige toutes façōs de fortune paciēmēt, & de bon cueur: uoire & en toutes les choses qui serōt en son pouuoir il ne fera rien que treshōneste & excellent, & ne plus ne moins que le bō empereur use tousiours de l'armee qu'il a pour l'heure, selon le besoin de la guerre, & que le cordonnier, pour les peaux qu'on luy a baillees, fait une botine à propos : pareillemēt & tous autres artizās. Si dōq ainsi est, celuy qui sera heureux ne peult aucunement estre miserable: toutesfois celuy ne seroit heureux, qui tumberoit es aduersitez telles que feist Priam : si est ce que le bien heureux n'est ny uariant, ny facilemēt muable: car malaizément ce peult il deposseder de la beatitude, ny par petites fortunes, ains par plusieurs & grans inconueniens: aussi de miserable & malheureux, il ne peult en brief temps deuenir heureux: mais si aucunement il se peult faire, ce sera si apres un long temps & finy, ce pendant il est uenu de rechief au dessus de plusieurs affaires de grande importance & excellentes. Qui nous engarde donq de dire que celuy est le bien heureux, qui en toute perfection de uertu entreprend & execute toutes choses, iouyssant des biēs de fortune en telle abondance qu'il est suffisant, & en tel heur ayant passé, nō pas partie de son aage, mais uescu toute sa uie? ou s'il fault y adiouster, qu'ayant uescu de telle fa-

Le bon empereur.

Le bien heureux.

çon, il meure de mort à la uie passee correspondente? puis que les choses futures nous sont tant incongneues, & que nous arrestons, que la felicité soit la fin & une chose totallement parfaicte & absolue? Si ainsi est, nous appellerons ceulx ausquelz la iouyssance de toutes les felicitez enumerees sera presente, & perdurable, heureux entre les uiuans, & heureux hommes. quãt à ce poinct donq, il est assez determiné.

Chap. II. A l'heureux uiuãt les fortunes de la posterité touchẽt aucunement, mais luy mort bien peu.

Mais que la fortune de la posterité, & de tous les amis, en rien ne nous appartienne, cela semble fort aliene du deuoir de l'amitié, & contraire a plusieurs opinions. Parquoy, puis que la multitude & la difference des accidens est si grande, & uariante, & que d'eux aucũs plus, & aucuns moins, nous touchent: ce seroit chose trop longue & infinie à diuiser particulierement d'un chacun d'eux: ains il suffira, que ce soit generallement, & en sommaire. Certes ne plus ne moins q̃ des infortunes qui nous aduiennent, quelques unes importent & touchẽt beaucoup à la uie, les autres semblent passer legierement: ainsi aussi est il de toutes celles qui aduiennent à noz amis: mais il y a grande differẽce, si tels accidens nous sont aduenuz durant la uie, ou apres: & bien d'auantaige, qu'il n'est es tragedies de reciter premierement les choses iniustes & cruelles parauãt commises, ou de les representer & faire: d'ou certes se doit tirer & colliger ceste differẽce: ou possible plus tost il nous fault enquerir des deffuncts, à sçauoir s'ils peuuent participer de quelque biens

Horace en son art poetique parlant touchant ce decent de tragedie dict: Nec pueros coram populo Medea trucidet.

ou maux. Il semble par telles raisons, que si en rien les biens ou les maux leur appartiennent, que se sera quelque chose de legier & bien petit, ou totallement, ou pour le moins quãt à eux: sinon qu'il n'est tel, ne si grand, qu'il puisse ceulx qui deuant ne l'estoyent, faire heureux: & oster l'heur à ceulx qui l'estoyent. Il appert dõques, qu'en quelques choses les prosperitez & infortunes des amis touchent à ceulx qui sont morts: mais que c'est tant, & tellement, qu'elles ne les peuuent rendre d'heureux, miserables, ny riẽ semblable. Apres ceste questiõ determinee, uoyons si la felicite cõsiste es biens louables, ou es honorables: car il est euident, qu'elle ne se doit mettre entre les puissances & facultez. Certes il semble que tout ce qui est louable par ce qu'il est de quelque qualité, & aucunement à un autre referé, recoyue louange: ueu que nous louõs les iustes, les forts, & pour dire en un mot, les bons, aussi les uertus, à cause de leurs œuures & actions: comme aussi les robustes, les bons coureurs, & chacun semblable, pour estre tels, qu'en eulx la nature ait mis aucunement quelques moyẽs & auancemẽs pour traicter & executer toutes choses bõnes & uertueuses: ce que l'on peult euidẽment cõgnoistre mesmes par les louanges qu'on dõne aux dieux: lesquelles à la uerité semblerõt estre ridicules, si elles nous sont attribuees: ce qui aduient à cause (cõme nous auons dict) que les louãges sont dõnees en ayant esgard à quelque autre chose. Mais si louãges sont de telle fa-

Chap. 12. Que la felicité plus que louable est honorable & saincte.

Louenge des dieux ne se doit donner à l'homme.

çon & espece, il est euident que les choses parfaictement bonnes, ne se doyuent appeller louables, ains meritent (cõme il est apparét) quelque nom plus grãd & meilleur: ueu que nous appellons les Dieux saincts, & bien heureux: & des hõmes aussi ceulx, qui sont les plus diuins. La raison n'est pas pareille aux choses bonnes: car nul ne loura la felicité, ainsi que iustice, ains la sainctifira comme quelque chose de plus diuin & meilleur. Et me semble qu'à bon droit Eudoxe entre tous les biens a donné le premier lieu à uolupté: estimant, ueu qu'elle estoit des choses bonnes & non louables, que cela demontroit, que plus excellẽte & meilleure ell' estoit, que toutes les choses louables: & le semblable estre de Dieu, & du bien parfaict: par ce que toutes autres choses leur estoyent referees: car cela est la propre louange de uertu, ueu quell'est telle, que par elle nous sommes idoines & suffisans de manier toutes honnestes entreprinses: mais les louanges s'addressent plus aux actions & œuures faictes par les forces du corps, que de l'esprit. Toutesfois il conuiendroit possible mieulx à ceulx qui s'estudient & trauaillent en demonstrations & louanges, de rechercher ceste dispute en plus grande diligence: quãt à nous par ce qu'auons dict, il est euident que la felicité est des biens, que deuons par grand honneur reuerer & poursuyure, & mesme des plus parfaicts: la raison (cõme il semble) c'est par ce qu'elle est le commencement: car pour elle nous tous faisons

Eudoxe Gnidiẽ fut auditeur d'Architas.

ſons toutes autres choſes: & fault eſtimer cela en qui eſt le cõmencement & la cauſe pourquoy tous autres ſont bõs, quelque choſe honorable & diuin.

Mais puis que la felicité eſt quelque actiõ de l'eſprit ſelon la plus grãde perfectiõ de uertu : il eſt beſoin de conſiderer, & congnoiſtre ceſte uertu: car par ce moyen plus aiſément nous paruiendrons à la contemplation de la uie heureuſe. Celuy qui eſt urayement inſtruict au maniment de la republique, doit grandement ſ'addonner & eſtudier à congnoiſtre la uertu : ueu qu'il ueult en toutes ſortes rendre ſes citoyẽs bons & obeyſſans aux loix. Nous auons par exemple de ce les legiſtaleurs de Lacedemone, & de Crete, & ſi aucuns autres ont eſté auſſi excellens. Si donques telle cõſideration & cõgnoiſſance eſt de la ſciẽce ciuile, il eſt manifeſte, que toute ceſte diſpute & queſtion eſt fort conuenante au propos que nous auõs des le cõmencemẽt propoſé, & depuis diſcouru. mais il fault uoir de la uertu, c'eſt à ſçauoir de l'homme: car nous cherchõs le biẽ abſolu & parfaict de l'homme, & la felicité humaine. Nous appellons la uertu de l'hõme, non celle du corps, ains celle de l'eſprit : & diſons que la felicité eſt une action de l'eſprit: ainſi eſt il euidẽt, que l'hõme politique (ne plus ne moins que celuy qui ueult guarir les yeulx, doit & tout le corps) eſt tenu d'auoir quelque cõgnoiſſance de toutes les choſes, qui appartiennẽt à l'eſprit, uoire & d'autãt d'auãtaige, q̃ la ſciẽce ciuile eſt plus honorable & meilleure que

Chap. 13. Que l'ame eſt diuiſee en deux parties, & les uertus ſemblablement.

Crete eſt au iourdhuy appellee Cãdie.

L'homme politique.

La ſcience ciuile plus honorable que la medecine.

la medecine. Mais les plus excellens medecins s'embesongnent fort & addonnent à la cõgnoissance du corps: le politique dõq doit cõgnoistre l'esprit: mais pource le fault il cõgnoistre, & tant qu'il suffise aussi, pour les choses que nous demãdõs. Car de le uouloir expliquer en toute diligẽce & subtilité, possible il y auroit plus d'affaire, qu'à l'explication de ce que nous auons entrepris. aussi puis que nous en auons traicté quelque chose assez suffisammẽt en noz disputes exoteriques, il fauldra user d'elles pour la cõgnoissance de telle question: cest à sçauoir, comme l'une de ces parties auoir en soy raison, & l'autre n'en estre participãte. Mais de sçauoir si elles sont separees cõme les parties du corps, & tout ce qui en parties se peult diuiser: ou si en pensee se sont deux choses indiuisibles par effect, cõme en la circonference du rond, l'enleueûre & la cõcauité: il n'importe rien à ce present propos de celle partie qui ne participe aucunemẽt de la raison. l'une force est cõmune aux plantes, ie dy celle qui est cause de la nourriture & de l'accroissement: car il est permis d'estimer que ceste force de l'esprit puisse beaucoup, non seullemẽt en tout ce qui prend desia nourriture, & es germes, mais aussi en toutes choses desia parfaictes & animantes: & semble estre plus raisonnable que ce soit elle que nulle autre, ueu que la force d'elle est cõmune, & non pas propre à l'hõme seullement: parce que ceste partie & force opere durãt le dormir principallement: mais durant le sommeil à grand

Exoteriques furent d'Aristote appellez les liures esquelz il traictoit de la science ciuile, & de la rhetorique: cõme tous les autres aux quelz il parloit des secrets de la philosophie Acroamatiques. uoyez le chap. iiij. du liure xx. d'Aul. Gel.

grand peine se peult le bon discerner du meschant: d'ou uient que l'on dit, que la moittie du tẽps de la uie les heureux ne sont differés des miserables, (& certes à bõ droit est il ainsi aduenu, à cause q̃ le sommeil est un repos de l'esprit, soit qu'il soit bõ ou mauuais) si peu à peu ne suruiennẽt telles emotiõs & uisions, q̃ par elles le sommeil soit meilleur des bõs & prudens, que du reste des autres. Il suffist quant à ce poinct. Nous lairrõs la aussi ceste force nutritiue, cõme celle qui n'a rien en soy de la uertu de l'hõme. Il y a une autre force naturelle en l'esprit, laquelle pour estre irraisonnable ne laisse de participer aucunemẽt de la raison: ueu q̃ nous louõs la raison de celuy qui est cõtinẽt, & de celuy q ne l'est pas, & celle partie de l'esprit en laquelle est la raison. Car la droitte raison incite les gẽs entiers à iustice & equité: encores qu'il semble qu'en eulx de nature il y ait q̃lque chose oultre la raison qui luy cõbat & resiste: car cõme au corps, si nous uoulõs mouuoir les parties dissolues & dissipees à dextre, on les uoit appertemẽt tẽdre à la senestre. Ainsi est il en l'esprit, auquel les cupiditez des incõtinẽs & moins saiges, tirẽt tousiours au cõtraire: & biẽ qu'au corps on uoye ce qui distrait ainsi & attire, en l'esprit non: toutesfois ne deuons laisser à pẽser qu'en l'esprit il y ait quelque chose oultre la raison qui luy debate & resiste, sans qu'il importe de sçauoir en quelle façon elle soit autre que ceste raison: cõme i'ay dict toutesfois, ceste partie est d'elle participãte. Car en l'hõme continẽt elle obeist à raison, & bien d'auantaige en ceulx, qui

Le sommeil.

ſont temperãts,& forts,aux quelz toutes choſes accordẽt & cõuiennẽt à la raiſon. Il appert donques q̃ ceſte force irraiſonnable de l'eſprit eſt double. Car celle puiſſance en laquelle giſt la cauſe de la nourriture & accroiſſemẽt,de rien n'eſt participãte de raiſon:mais celle en laquelle eſt la cõcupiſcẽce totallemẽt & le deſir,participe d'elle aucunemẽt, c'eſt à dire en tãt qu'elle luy ſert & obeiſt, & la diſons auoir raiſon, cõme ceulx q̃ lon dit auoir raiſon & egard à leurs peres & amis,non pas cõme celuy que lon dit tenir & auoir toutes les raiſõs des mathematiques: car que ceſte partie irraiſonnable obeiſſe toutesfois à raiſon,il ſe cõgnoiſt par les remonſtrãces, chaſtimens,& admonitiõs. Ainſi ſ'il fault cõfeſſer que ceſte partie ait quelque raiſon : il y aura double force & partie en l'eſprit,qui participera de raiſon: l'une principallemẽt & de ſoymeſme:l'autre ainſi q̃ le fils obeiſt a ſon pere:& de pareille diſtinctiõ & differẽce,la uertu eſt auſſi diuiſee:car les unes ſont en raiſõ & cõtẽplatiõ,les autres par couſtume & experience parfaictes. La ſaigeſſe,la ſagacité,& la prudẽce,ſont intellectiues en la raiſon:la liberalité,& tẽperãce,cõme d'experiẽce & couſtume acquiſes & parfaictes ſont morales. Car en diuiſans des mœurs & couſtumes de quelcũ,nous ne diſõs iamais qu'il ſoit ſaige, acort,ny prudent:trop bien,gracieux,& moderé. Et nous louõs auſſi le ſaige,pour telle habitude & couſtume de l'eſprit:en donnãt meſmes aux habitudes & couſtumes qui ſont louables, le nom des uertuz.

Fin du premier liure.

LE SECOND LIVRE DES ETHIQVES D'ARISTOTE

Stagirite à ſon fils Nicomache.

Chap. I. Comme ſe peuuēt acquerir les uertuz tant les intellectiues, que morales.

VERTV, pour eſtre de deux ſortes, eſt intellectiue, ou morale: l'intellectiue, à cauſe que la plus part elle ſ'engendre & augmente par les ſciences & diſciplines, a grand beſoin de l'experiēce & du temps. Mais la morale ſ'acquiert par mœurs & couſtumes: d'ou auſſi elle a eſté ſurnōmee: le nom de mœurs à morale, preſque point ou bien peu chā gé: au moyen de quoy il eſt euident, que nulle des uertus morales ne nous peult eſtre acquiſe par nature: ueu que rien des choſes par nature ordonnees ne peult prendre autre couſtume que ſon naturel: comme la pierre, qui ſelon ſa nature tendante touſiours contre bas, ne ſ'acouſtumera onques de ſe porter en hault, encores que quelqu'un pour la y accouſtumer, mille fois la lançaſt contremont: pareillement ny le feu uers le centre: ne rien autre, contre l'uſaige, auquel nature la deſtiné, peult aucunemēt eſtre accouſtumé. Les uertus doncques ne ſont en nous ny par nature, ny cōtre: mais ſi nous ſommes aptes de nature à les receuoir par mœurs & couſtumes, nous en pouuōs acquerir la perfection. D'auātaige de celles choſes que nature a miſes en nous,

ἦθος. ἠθική.

premieremét en auons receu les puissances, & puis en auons réduz les effects : ce qui est notoire es sens corporels:car pour auoir souuent ueu & ouy, nous n'auons receu les sens de la ueue, ny de l'ouye, ains tout au rebours les ayans euz, en auõs usé, sans que par l'usaige nous les ayons renduz nostres. Mais les uertuz, comme & toutes les autres arts, nous sont aquises, si premierement sommes uenuz à chef de quelques œuures & actions. Car ayant entendu ce qu'il fault faire, en le faisant nous l'apprenons: & ne plus ne moins qu'on uoit, qu'en maçonnant nous deuenõs maçons, & sonnant de la harpe, harpeurs: ainsi faisans actes de iustice, temperance, & uirilité, nous deuenons iustes, temperãs, & uirils. Pour tesmoignaige de mon dire, il suffist de considerer ce qui se fait es republiques : esquelles les legislateurs à tous honnestes exercices accoustumans leurs citoyés, les rendét bons & equitables: car tel est le desir & la fin, de quiconque donne la loy, ou ordonnance à autruy: tellemét que tous ceulx qui ce mesme bien ne font, faillent grandement : en quoy se peult uoir la difference d'une republique à l'autre; & de la bonne, à la mauuaise. De ces mesmes choses & actions, s'aquierent toutes les uertuz & les arts, & se corrumpent pareillement: ueu qu'en touchant les cordes, il se faict d'excellens sonneurs, & de mau uais aussi. Telle est la raison aux edificateurs, & en tous autres: puis qu'en edifiant bien, & selon mesure il deuiennent bons: & battissans mal à propos, mauuais.

Les legislateurs.

mauuais. Car ſi ainſi n'eſtoit, on n'auroit affaire d'enſeigneur, mais en tous les arts chacun ſeroit incontinent ignorant, ou parfaict. Ainſi eſt il des uertuz: car au manimẽt des affaires, trafiques & pactions, qui ſont couſtumieres entre les hõmes, aucuns de nous deuiennent iuſtes, & les autres non. Et en toute terrible entrepriſe, ſelon la couſtume que lõ ſ'eſt faicte de craindre, ou de ſ'aſſeurer, nous en deuenons puis apres timides, ou forts. Il fault auoir ſemblable opinion quant aux cupiditez, & à l'ire: par leſquelles les uns ſe rendent temperans & moderez, les autres intemperez & deſpiteux: c'eſt à ſçauoir les uns pour eſtre maniez d'une façon en icelles, & les autres d'une autre: & pour dire en un mot, toutes habitudes procedent des actions à ſoy ſemblables: & pour ce il fault que nous rendiõs noz œuures & actions de certaine qualité: car ſelon la difference d'elles, ſ'en enſuyuent les habitudes, tant qu'il importe, nõ pas peu, d'eſtre des l'enfance ainſi, ou autremẽt moriginé, mais beaucoup, uoire plus toſt du tout.

Les habitudes proceden t de la frequẽce des actiõs.

Des l'enfance il ſe fault acconſtumer.

Chap. 2.

Vertu ennemie du trop, ou du trop peu, ſ'engẽdre & augmẽte, & nourriſt du moyen.

Puis donq' que le preſent traicté (cõme celuy auquel ne cherchons de congnoiſtre que c'eſt que uertu, mais le moyen de paruenir à eſtre gens de bien) ainſi que les autres ne tend es fins de la contemplation, qui de rien ne luy ſeruiroit: il eſt neceſſaire de conſiderer touchant les actions & deuoirs, la façon de les exercer & faire: ueu que, ſelon mon dire, elles ſont cauſes principalles de rendre les habitudes d'une eſpece, ou autre. Il ſoit donques par nous, uoire & selon le commun dire d'un chacun posé, que toutes actions doyuent suiure la droicte raison, de quoy parlerons cy apres: & que c'est que ceste iuste raison, l'affinité & conferéce qu'ell'a auec les autres uertuz. Mais (ainsi que des le commencemét nous auons dict) il soit à chacun des à present confessé, que toute oraison en laquelle on discourt des actions & deuoirs, se doit simplement, sans fard, ny subtilité digerer: à cause que, selon la matiere du propos qu'on desduit, se doyuent desirer les raisons & paroles. Mais les choses qui sont en action, ny les choses utiles (comme toutes celles par lesquelles on aide la santé) n'ont rien de certain, ny stable: tellemét que si l'oraison, en la quelle on traicte de l'uniuersel, est tant incertaine, celle qui discourt de chacune en particulier, aura beaucoup moins de certitude & de resolutiõ: ueu qu'elle ne se peult à aucun art, ny preceptes reduire: ains comme en la medecine, & au nauigaige, il soit force que tout negociãt dresse ses actions selon l'occasion & le temps: & bien que la presente dispute soit de telle nature, si est ce qu'il nous fault essayer de luy aider. Premierement donques il fault considerer, que toutes telles choses sont de leur nature subiectes à estre corrumpues par quelque default, ou par quelque superfluité: cõme apertement nous uoyons (car il fault es choses inaparentes user d'aparẽs tesmoignaiges) en la force du corps, & en la santé: par ce que les exercices trop uiolens, & les

trop

trop lents aussi gastēt & perdēt la disposition, & les uiādes & beuuettes excessiues, comme aussi la trop grād' abstinence endōmaigēt la santé: mais le moyē en iceux obserué, leur donne l'origine, l'accroissemēt, & la cōseruation. Ainsi donq est il de temperance, de force, & de toutes les autres uertuz: car celuy qui fuit & craint toutes choses, & iamais n'attend rien ny n'endure, deuient timide & couard: & qui de rien n'ayāt peur, se presente brauement par tout, est uaillant & hardy. En cas pareil, celuy qui prend tous ses plaisirs & uoluptez, sans d'une seule se pouuoir abstenir, est intemperant: & qui, comme les rustiques, d'aucune ne prend iouyssance, est un hōme stupide & sans sentiment: car la tēperance & la force, par les superfluitez & defaults perissantes, se contregardēt par la mediocrité: tant que nō seullemēt leur origine, accroissemēt, & corruptiō uiēt par telles, & de telles choses: mais aussi les actions d'elles sont subiectes aux mesmes dispositions: ueu que ne plus ne moins qu'es choses qui sont tresapparéres (cōme es forces corporelles) il aduiēt qu'elles sont acquises tāt par l'abondāte nourriture, que par la tolerance de plusieurs labeurs: ce que par sus tous autres l'hōme fort & dispos peult faire. ainsi est il quāt aux uertuz: car apres qu'en bānissāt de nous l'immoderé plaisir des uoluptez, nous sōmes deuenuz tēperās. alors principallement il nous est aisé de s'en contenir. pareillemēt de la force & magnanimité: ueu qu'estans accoustumez à ne faire conte

Les rustiques fuyent les uoluptez.

des choſes redoutables & terribles, uoire à les porter & attẽdre, nous deuenõs magnanimes & forts, & tels deuenuz, pouuons lors plus aſſeurément les endurer & ſouſtenir. Mais les plaiſirs ou facheries qui accompaignent & ſuyuent les actions, ſont ſignes des habitudes ia acquiſes. Car celuy qui fuyt, & ſe cõtiẽt de tous plaiſirs corporels, & en telle fuite met ſon plaiſir & ſa ioye, eſt temperant: & qui ſ'en deſplait & fache, intemperant. Et qui d'un courage braue & ſans peur, porte les aduerſitez des choſes terribles ioyeuſement, ou pour le moins ſans perdre le cueur & ſe deſcontenter, eſt magnanime & fort: qui ſ'en contriſte, paoureux & timide. Par ce que la uertu morale giſt en la facherie, & en la uolupté: car pour noz plaiſirs accomplir, nous executons infinies meſchancetez: & crainte d'endurer quelque douleur ou facherie, nous retire de toutes honneſtes entrepriſes. Parquoy (ſelon que dit Platon) des l'enfance on doit eſtre aucunement accouſtumez à ſeſiouir & facher des choſes qu'il appartient: car ceſte eſt la uraye nourriture & inſtitution. D'auantaige ſi les uertuz ſont es actions, œuures & affections, leſquelles ſont touſiours de plaiſir, ou de triſteſſe accompaignees & ſuyuies, il ſera par ce meſme euidẽt, que la uertu aux triſteſſes & ioyes adherente, eſt par elles touſiours cõgneue. Aſſez demonſtrent & prouuent ce que ie dy, les tourments & peines qu'aux douleurs on endure & ſupporte, qui y ſeruẽt cõme de medecines & remedes:

Chap. 3. Aux plaiſirs & facheries ſe congnoiſt l'habitude, d'ou procede que la uertu giſt en ces deux effects.

Le temperãt.

L'intẽperant.

Le fort.

Le Timide.

Platon ueult qu'on ſ'accouſtume des l'enfance.

Les plaiſirs & douleurs font congnoiſtre la uertu.

des:mais toutes les medecines se baillēt tousiours, & composent des cōtraires. D'auantaige, selon que desia nous auōs dict, les habitudes de l'esprit naturellement tendēt tousiours, & adherēt aux choses qui ont d'elles mesmes puissance de les rēdre pires, ou meilleures: & d'elles prennēt, & maintiennēt la force de leur nature. Mais par les facheries & plaisirs les habitudes sont uiciees: selon qu'on est adōné à suyure, & fuir, ou celles qui ne fault, ou lors qu'il n'en est besoin, ou par moyēs illicites, ou en toutes autres manieres que telles choses sont par la raison prescriptes & ordonnees: tellemēt qu'ils ont diffini la uertu estre un repos & absence de mauuaise affections. mal à propos toutesfois ils ont si simplement la uertu diffinie: sans prescrire les moyens, l'opportunité, le temps, & les autres circunstances qui tant y sont requises. Il est donq arresté, que telle uertu morale ua tousiours executant entre les douleurs & plaisirs, toutes choses plus excellentes & honorables, & les uices tout au contraire. Ce qui est par telles choses euident, & d'auantaige par celles qui s'ensuyuent: car ueu que trois choses sont à poursuyure, l'utilité, l'honnesteté, & la ioye: & leurs trois contraires, l'inutilité, deshonnesteté, & facherie à fuir: en elles toutes se gouuerne le uertueux sans fleschir ne faillir: le meschāt suyuant les erreurs, & principallement en la uolupté, laquelle est commune à tous animaux, & suit tousiours les choses desirees: car l'utilité & l'honnesteté ne

La diffinition de uertu.

Trois choses desirables, & au contraire.

La uolupté. ſont iamais ſans ioye : auſſi que des les premiers ans ceſte uolupté fut auec nous nourrie: & pour ce eſt il difficile d'effacer & arracher du tout ceſte perturbation & mauuaiſe affection qui eſt auec noſtre uie ſi treſfort engluee & embarbouillee. D'auãtaige nous meſurons & dirigeons toutes noz actiõs & œuures ſelõ la douleur, ou le plaiſir. les uns plus, les autres moins. Au moyen de quoy il eſt neceſſaire que de toutes ces choſes ſe face la preſente cõſideration : car en tous offices, deuoirs, & actions il n'eſt de petite importance de ſe réiouir, ou facher à propos, ou ſans cauſe. Et comme dit Heraclite, il eſt trop plus difficile de combatre la uolupté, que le deſpit & l'ire. Mais l'art, & la uertu ſont touſiours es choſes plus ardues & difficilles : à cauſe qu'alors plus apparoit du bien l'excellence : tellement qu'au moyen de ce, toute l'affaire & l'entrepriſe de la ſcience morale & ciuile giſt es uoluptez & facheries: par ce que celuy qui de ces deux uſera ſaigement, ne pourra qu'homme de bien deuenir: & qui au contraire, peruers & meſchant. Ainſi donq nous auons demonſtré que la uertu eſt touſiours entre les plaiſirs & les facheries: & que les meſmes choſes qui la font eſtre & augmẽter, ſi d'autres façon elles ſe portẽt & moyennent, luy cauſent ſa corruptiõ & ſa mort: uoire qu'es choſes meſmes dont elle prend ſon origine, ell'eſt pratiquee & exercee. Quelcun pourroit demander, cõme nous diſons qu'en faiſant les choſes iuſtes, nous deuenõs iuſtes,

Heraclite.

Vertu & l'art cherchent les plus grandes & penibles difficultez.

Ce ſont choſes differẽtes que faire les choſes uertueuſes, & les faire uertueuſemẽt.

Chap. 4.

iustes,& les temperantes temperans: si ceux qui en tous actes se portent iustement & temperément, sont desia iustes,& temperãs: ne plus ne moins que ceux qui composent choses grammaticales sont grammairiens,& qui les musicales musiciens estimez? ou si es arts mesmes, il est autrement? A cause qu'il peult aduenir que quelcun de rencontre & hazard,ou par l'instinct & instructiõ d'aultruy face quelque chose grammaticalement: il est donq lors grammairien s'il compose quelque chose de grammatical,ou grãmaticalement: c'est adire si celle cõposition est faicte selon l'art de grammaire qui est en luy. D'auãtaige la raison n'est point semblable entre les arts, & les uertus: à cause qu'en tout ce que l'art produit & fabrique,(pource qu'en luy mesme il tient & emporte ce qui est de perfection & louange) il suffit qu'il soit faict en la façon que telle art le ueult & requiert: & quãt aux ouuraiges & actions uertueuses, encores que leur portement ait en soy quelque bõne dispositiõ: pour ce ne sont elles iustemnnt ny temperamment executees, ainsi celuy qui les manie est d'une certaine affection à tels actes incité: premierement si les sachant & pensant faire,& puis si de son gré s'efforçãt de les faire, pour l'amour d'eux il les a entrepris: tiercement si d'une uolunté constante & propos immuable, il les a conduis à leurs fins: desquelles cõditions, fors celle qui requiert que l'on sache & entẽde ce qu'õ fait, aulcune n'est entre les preceptes & perfectiõs L'art.

des arts enumeree : les actions donq meritent lors d'estre dictes iustes & moderees, quãd elles sont tel les qu'un homme iuste & temperãt les feroit. Mais l'homme iuste, & temperant est celuy, non pas de qui les gestes sont telz simplement, ains qui en telle façon les conduit & manie, que les gens iustes & moderez ont de coustume. Parquoy à bon droict il se dit, que du iuste & moderé maniment en toutes affaires, les hommes se rendent iustes & temperãs: & que celuy, de qui la uie est en ses gestes à celle la dissemblable, ne pourra onq homme de bien deuenir. Mais la plus part sans rien faire de uertueux, en suyuãt les parolles, & faisant cõte de la seulle dispu tation (aussi accusables que les malades, qui ardens & diligens à ouyr les consultations des medecins, pour ce ne font rien selon leur ordonnãce) pensent bien philosopher, & par ce pouuoir gens de bien & d'honneur deuenir. Ne plus ne moins donq, que des malades ainsi medicinez, iamais le corps ne sera sain : ainsi ne l'esprit de ceulx, qui de telle sorte philosopheront. Maintenãt il fault uoir, que c'est que la uertu. Veu donques que l'esprit a en soy trois choses, les affectiõs, les puissances, & les habitudes: force est, que uertu soit l'un des trois. I'appelle les affections, la cupidite, l'ire, la fureur, crainte, audace, enuie, ioye, amitie, hayne, desir, ialouzie, pitié, & finablement toutes celles emotions & perturbations, apres lesquelles tousiours suit & suruiẽt plaisir ou facherie. Les puissances sont celles qui nous rendent

L'homme iuste & temperant.

Pour estre uertueux il ne suffist de bien disputer de uertu.

Chap. 5. Vertu n'est ny affection ny puissãce, mais une habitude

Les affectiõs que Cicerõ appelle perturbations, les Grecs πάθη, passions.

Les puissances.

rendent puissans & aptes à nous esmouuoir de telles affections : cõme celles qui nous donnẽt la puissance & moyẽ de nous courroucer, facher, & d'estre pitoyables. Les habitudes sont ordinaires façõs que nous auons de nous porter bien ou mal durãt icelles affections: cõme si au courroucer nous sommes trop animez, ou trop remiz, qui est un mauuais portement: & si nous y pouuons moyenner & moderer, bon. & semblablemẽt des aultres. Par ce moyen les affections ne sont ny uertus, ne uices: à cause que pour elles nous ne sommes ny bons, ny meschans estimez : ce que nous sommes par les uertus & par les uices. Aussi que les perturbations ne nous donnent blasme ne louange: car celuy qui craint, ou qui se courrouce, n'est pource loué, ny qui simplement se colere uituperé, mais qui d'une certaine façõ entre en colere & courroux. Par les uertus toutesfois ou par les uices nous meritons reproche ou louange. D'auantaige, à l'improuis nous entrons en crainte, ou usons de colere: mais les uertus sont intẽcions deliberees, ou bien ouuraiges faicts par grãdes deliberatiõs. Oultre ce nous sommes par les affectiõs esmeuz & agitez: par les uertus & par les uices nullement, mais en une certaine sorte disposez. Au moyen de quoy elles ne sont point aussi facultez ou puissances: ueu que pour auoir simplemẽt la puissance de faire quelque chose, ny bõs ny mauluais ne sommes appellez, louez, ny uituperez. D'auantaige (ainsi que nous auons par deuant dict) nature nous

Les habitudes.

Les affectiõs.

Les puissãces.

a renduz puissans & aptes pour faire: elle toutesfois ne nous a faict ne bons ny meschans. Si donques les uertus ne sont affectiõs ne puissances, il reste qu'elles soyent habitudes. Et par ce moyen nous auons dict de quel genre & espece elles estoyent. Mais il fault non seullement ainsi dire, quelles uertus sont habitudes, ains queles elles sont: & necessairement se doit croire, que toute uertu rend & celuy en qui ell'est en & par tout biẽ affecté & disposé, & son deuoir & ouuraige parfaict. Ainsi qu'on peult uoir en la uertu de l'oeil: laquelle, oultre qu'elle fait l'oeil bõ en perfection, rend par mesme effect son deuoir & office excellẽt: ueu que par telle uertu de l'oeil nous uoyons plus clairement. Semblablement la uertu du cheual le rend bon & genereux, uiste à la course, dispos à porter le cheualier, hardy, & braue à soustenir le choq des ennemis. Certainement (si en toutes choses ainsi est) la uertu de l'homme sera aussi une habitude & coustume de biẽ faire, par la quelle l'homme deuiẽdra bon, & rendra toutes ses œuures & actions telles. En quelle façon cela se peult accõplir, desia nous l'auõs dit: il sera encores maintenant plus manifeste, si nous considerõs quelle est sa nature. En toute chose donques continue & qui s'entretiẽt, & en celle qui est diuisible, on peult noter le plus, le moins, & l'egal: & ce, ou selon le naturel de ceste chose, ou en ayant egard & respect à nous. L'egal est un meilieu & moyen entre l'excessif & le defaillant. I'appelle le meilieu & moyen de la

Vertu est une habitude.

Chap. 6.

Le moyen ou meilieu se prẽd en deux sortes: l'un au regard de nous selon le quel uertu est une mediocrité: l'autre selon la chose.

La uertu de l'oeil.

La uertu du cheual.

La uertu de l'homme.

Le plus. Le moins. L'egal.

Le meilieu et moyen.

la chose, ce qui, egallement distant des deux extremitez, est à tous tousiours un & semblable. Et celuy qui l'est au regard de nous : ce qui n'outrepasse, ny ne fault à son deuoir, & n'est à tous un, ny semblable: comme si dix sont trop, deux trop peu, ceux qui mesureront la chose selon son moyen, prendrōt six pour le meilieu : car ilz surmontent, & sont surmontez aussi : qui est un meilieu en proportion d'arithmetique & nombre. Mais le milieu au regard de nous, ne se doit ainsi prendre: car si pour un seul repas la despense de dix francs est excessiue, & celle de deux trop petite : pource le maistre du ieu n'en ordonnera six : ueu que telle portion possible seroit superflue ou petite, au regard de celuy pour qui elle seroit commandee : car pour Milo elle ne seroit suffisante: mais à celuy qui uiendroit encores nouueau en l'estacade pour s'exercer, abundante & excessiue : le semblable se doit estimer de la course & de la lutte. Pareillement tous sçauans artizans, en fuyant tousiours le trop, & le trop peu, recherchent & eslisent la mediocrité & moyen : non pas celuy qui est au regard de la chose, ains qui l'est selō nostre respect & consideratiō. Mais si touts arts & sciēces ayans egard & cōduisans leur ouuraige par tel moyen & mediocrité, rendēt leur chef d'œuure plus excellēt & absolu : d'ou uient que les ouuriers ont accoustumé de uāter leurs ouuraiges, paragōs, accompliz & parfaicts, que rien oster, ny adiouster ne s'y puisse : comme si l'excessif & le default de-

Ilz usoyēt alors de mines, mais par ce qu'auiourdhuy ce nous est monnoye incongneue i'ay mis frācs

Les maistres du ieu le tēps passé quand les ieunes hōmes alloyent es lieux à ce deputez s'exercer, preparoyēt à disner pour les combattans, chacun payāt la son escot.

Milo fut un robuste hōme de la uille de Crotone, qui portoit le lōg d'un stade un bœuf, le tuoit à coups de poing, & puis le mangeoit.

Les artizans sçauans.

auancemẽs excessifs, ou leurs defauts: tellemẽt qu'ẽ elles on ne sçauroit iamais rien executer de droict, ou de bien: ains tousiours faillir, & ny a rien de biẽ faict, ny de non bien faict en icelles, ny aucune circonstãce de quãd, ou cõme, uoire auecques qui l'on doiue adulterer. mais absolument, tout ce qu'en elles se commet, est uitieux. Autant est ce si quelcun estimoit, qu'il y eust en l'iniustice, en la timidité, & en l'intemperãce, moyen, redondance, ou default: car par telle façõ il y auroit une mediocrité en l'exces, & au defaillant: & un excessif de l'excez, & un default du default. Mais cõme en la tẽperãce & en la force il n'est aucun excez, ou default, par ce que mediocrité est aucunemẽt extreme & au sommet situee: ainsi de telles choses il n'est aucun excez, moyen ny default: ains en quelque sorte qu'on en face riẽ, on erre & pecche: brief, il n'est aucune mediocrité de l'excez, ou du default: ny en la mediocrité rien d'excedẽt, ou defaillãt. Toutes ces raisons ne se doyuẽt seulemẽt dire en uniuersel: mais il les fault particulieremẽt à chacune accõmoder: par ce que les raisons & disputes esquelles on cherche la raison des offices & actions en general, sont plus cõmunes & moins certaines: & celles qui en espluchent une chacune partie, plus ueritables. Car les deuoirs & actiõs consistẽt en chacune chose particuliere, d'auec lesquelles l'oraison ne doit estre dissonãte: par la descriptiõ dõques qui s'ensuit, cecy se pourra entẽdre. Entre la peur & la temerité, la force

Chap. 7. Le moyen de la uertu est entre les deux uicieuses extremitez.

La force.

ce

ce eſt le moyē: de ceux qui excedēt le moyen, celuy qui eſt ſans aucune peur, n'a point de nom: (car plu ſieurs ſont ſans nō) celuy qui par audace & temerité pēſant trop de ſoy, oultre le moyē ſ'appelle temeraire: qui de couardie & timidité excede, & mãque de hardieſſe, paoureux & timide.

Auiourdhuy nous l'appellons aſſeuré.
Le temeraire.
Le timide.

Es plaiſirs & facheries, non pas toutes, mais celles des corporelles, qui ſont au toucher, & ſe ſentent plus appertemēt: moins auſſi es facheries qu'es douleurs, la temperãce eſt le moyen: l'intemperance, l'excez. Ceux auſſi qui ont eu trop en horreur les plaiſirs, à cauſe qu'il n'en a eſté pluſieurs, n'ont eu point de nō. Soit donq qu'ilz ſoyent nommez gens inſenſez & ſtupides.

Temperance. & intemperance.
Ce ſont gens ſans ſentimēt qui ne ſe ſentent point, & ladres d'eſprit.

Quant au donner, ou prēdre de l'argent, le moyen ſ'appelle liberalité: l'excez, prodigalité: & le default miſere & auarice. Mais toutes ces deux en contraires façons defaillent, & oultrepaſſent: car le prodigue excede à bouter uie ſon argent, & le diſſiper, & fault à en receuoir & prendre. Et l'illiberal & auaricieux au receuoir & prendre trop uoluntaire & prompt, ſurpaſſe le moyen: eſtant chiche & defaillant au donner. Maintenant donq, par ce que cy apres plus diligemmēt & ſubtilement nous en determinerons, c'eſt aſſez maintenant d'en auoir brieuemēt touché quelque choſe. Encores y a il en l'adminiſtration de l'argent d'autres affections, eſquelles la magnificēce eſt mediocrité & moyen: car du liberal le magnifique eſt different: par ce que l'un exerce ſon affectiō es choſes petites, l'autre es grã-

Liberalité.
Prodigalité.
Auarice.
La magnificence.

des & admirables. L'excez de telle sotte magnificẽce, à raison d'une uaine affection despence & conduitte, s'appelle ineptie ou sottie: le default une in-
Chichelargesse, μικροπρέπεια.
decente & chichelargesse. Et different ces extremitez & affections, de celles de la liberalité: de laquelle difference quelle ell' est, nous parlerons cy apres.
Magnanimité.
Arrogance.
Pusilanimité.
Finablement entre l'honneur & l'infamie, magnanimité est le moyen : l'excez, uaine gloire, ou arrogance: le default, pusilanimité: & ne plus ne moins qu'auons dict, que la magnificence est differente de la liberalité, à raison que l'exercice de l'une est es grandes, & de l'autre es petites: ainsi est il de la magnanimité au regard de celle qui maintient sa grãdeur en petis & moindres honneurs : ueu que lon
L'honneur.
peult affecter l'honneur selon raison, plus aussi ou moins qu'il n'appartient: celuy qui le desire oultre
L'ambitieux.
moyen, s'appelle ambicieux: qui n'en a cure ny tiẽt
L'infame.
Nous l'appellons en francois modeste.
conte, infame & effronté: qui modestement le requiert, n'a point de nom, ny leurs affectiõs mesmement: sinon que l'affection de l'ambicieux s'appelle ambitiõ: d'ou procede que les extremitez querellẽt la place, qui est demeuree uuide entre elles deux: tellement qu'aucunefois nous appellons celuy qui tient le moyen entr'elles ambicieux, & quelquefois nõ ambicieux, uoire par fois nous louõs l'ãbicieux, & par fois son contraire. Ce qui ce fait pour certaine raison, de la quelle parlerõs cy apres. Maintenãt poursuyuons, selon qu'auons commencé, à discourir le surplus. En l'ire se trouue le trop, le trop peu, &

le

le moyẽ: desquels presque tous les trois n'ont aucũ nom: & appellons celuy qui tiendra le moyen hõme douls, & benin: nous nõmerons ceste mediocrité, doulceur, & benignité : des extremitez l'excessif, iracond & despiteux: & son uice, colere & ire: le defaillant, hõme sans colere, & trop lent: son uice, tardité & lentitude. Il y a d'auãtaige trois mediocritez, ayãs entre elles grãdes similitudes, qui toutesfois ont quelque difference: car elles cõmuniquent toutes, & participent de la societé, actions, parolles & affaires: mais elles sont differẽtes, par ce que l'une cõsiste en la uerité, les autres deux au plaisir, & en la ioye. De la q̃lle l'une partie est es ieux & follatries, l'autre en tout ce qui concerne la uie: & pour ce il fault que discouriõs d'elles, à fin que plus appertemẽt lon uoye qu'ẽtre toutes choses, le moyen & la mediocrité sont louables : les extremitez n'estre ny droittes, ny louables, mais dignes d'estre uituperees. Et i'açoit ce que plusieurs d'elles soyẽt sans nõ: toutesfois (cõme es autres auons fait) pour les rẽdre plus intelligibles, & que tout ce que dirons s'entracorde & suyue mieulx, nous mettrõs peine de leur en forger. Donq touchant les choses urayes qui les sçayt moyẽner, s'appelle ueritable, & le moyen uerité : & des choses controuuees, & faintes : le plus s'appelle uãterie, celuy qui en est entaché, uãteur: le moins, moquerie ou dissimulatiõ, qui les extenue ainsi, moqueur & dissimulateur. Quant au plaisir qu'on prẽd es ieux & folatries, celuy qui par moyẽ

La benignité, & doulceur.

L'iracond.

La lentitude.

Les follatries,

La uerité.

Vanterie.

Mocquerie, & dissimulation.

Facecieux. s'y gouuerne, facecieux & affable: telle diſpoſitiõ & affection, facecie & affabilité: ſon excez dicacité & *Babillerie.* babillerie: celuy qui en uſe, babillard & plaiſant: le *Malplaiſant.* defaillãt, malplaiſant & ruſtique: ſon uice, ruſticité. touchãt celuy qui reſte, lequel ſe fẽt en la ſocieté & cõpaignie de la uie: celuy qui eſt ioyeux & aggreable cõme il appartient, amy & humain: ſon moyen *Amitié.* amitié & humanité: qui ſans en ſẽtir ny rechercher *Le trop accointable, & blãdiſſant.* profit, en facilité & obeiſſance excede, trop accointable & blãdiſſãt: qui pour ſon emolumẽt & utilité, *Le flateur.* flateur: qui n'a aucunes de telles cõplexiõs, mais de *Difficile & facheux.* fault en toutes: facheux & difficile. Il y a auſſi es affectiõs, & en tout ce qui ſuruient en elles, des moyẽs *Honte.* & mediocritez: car encores que honte ne ſoit uertu, l'homme honteux toutesfois reçoit louãge, ueu qu'en telle choſe un tel homme eſt eſtimé uſer du moyen: & celuy qui ſans aucun egard, de toute choſe a honte, par ce qu'en ce il eſt exceſſif, eſpouuenté, & trop hõteux: mais qui en a trop peu, ne ſe faiſant honte de rien, ehonté: et qui y tiẽt moyen (comme *L'ehonté.* auons predict) honteux. Indignation eſt mediocrité entre l'enuie & malueillãce: telles affections ſe cõgnoiſſent es facheries & ioyes qu'on prẽd pour des accidẽs de ſes uoiſins & finitimes: car qui ſe deſplait pour telle indignité (nommons le indigné) ſe fache de uoir ſi indignement, & ſans l'auoir merité, gens indignes proſperer: & l'enuieux excedant ceſtuy cy des bonnes fortunes d'un chacun les meritant ou non, prẽd deſplaiſir: mais le malueillãt tãt ſ'en fault qu'il

Νέμεσις aux Grecs eſt un deſplaiſir et deſpit qu'õ a quand indignement lon uoit les hommes de ce moins dignes proſperer en biẽs, hõneurs & fortunes.

qu'il s'en fache, qu'il en est bié aize & réiouy. En autre endroit plus à propos nous en disputerõs. Aussi quant à la iustice, par ce que simplement elle ne se dit, ne d'une seule sorte, cy apres la diuisant en ses parties, nous montrerons quelles sont l'une & l'autre de ces mediocritez, & par mesmes moyen des uertuz raisonnables. Mais ueu qu'il y a trois affe ctions, deux du uice, l'une passant oultre le moyen, & l'autre qui n'arriue iusqu'à luy, & la uertu seule en la mediocrité & meilieu situee : elles sont toutes aucunement contraires les unes aux autres : car les extremitez non seullemẽt entre soy contrariẽt, mais à leur moyẽ aussi : & le moyẽ aux extremitez: par ce q̃ ne plus ne moins que l'egal, s'il est cõparé au moindre, est plus que ce moins: & s'il est cõparé à plus grãd, est moindre q̃ luy: ainsi les habitudes du meilieu, tant es actions qu'affectiõs, s'elles sont aux defectuositez referees, surmontẽt & excedẽt: si aux excez & redondances, sont moindres & defaillãtes: car l'homme fort à cõparaison du paoureux, apparoit temeraire: & comparé auec le temeraire, timide. Semblablement le tẽperant auec le stupide intemperant: aueq' l'intemperant stupide : & le liberal pres l'auaricieux sẽblera prodigue, auec le prodigue auaricieux: tellemẽt que pour ceste raison les extremitez renuoyẽt de l'une à l'autre le moyen: & appellent l'homme fort, c'est à sçauoir celuy qui est timide, temeraire: & le temeraire, timide: & pareillement des autres. Encores que toutes ces choses

Elles sont appellees raisõnables, non pas que toutes uertus ne soyẽt raisonnables, mais parce que celle cy sont de la partie de l'esprit qui est dicte raisonnable.

Chap. 8.

Les extremitez ont entre elles & leur moyen une oppositiõ reciproque.

ſoyent l'une ainſi à l'autre repugnantes: toutesfois les extremitez ſont plus oppoſees l'une à l'autre qu'à leur meilieu:par ce que l'une eſt plus diſtante de l'autre, que toutes deux du meilieu : comme le grād du petit,& le petit du grand eſt plus elongné, que tout deux ne ſont de l'egal. D'auantaige il y a quelques extremitez,entre leſquelles & leur moyē il apparoit quelque reſemblance: cōme entre la temerité, & la force : la prodigalité, & la liberalité. mais entre les extremitez, la diſſimilitude eſt tousiours bien grande: & celles qui ſont fort lointaines & diſtantes,ſont pour contraires determinees: tellement que celles qui ſont les plus elongnees, ſont auſſi les plus contraires.quāt au meilieu & moyen, en d'aucunes choſes l'extremité de l'excez, eſt plus oppoſee:en d'aucunes,celles du default:comme à la force, l'exceſſiue temerité n'eſt ſi cōtrariāte,que timidité ſon default. A la tēperāce, tout le contraire, ſtupidité ſon default n'eſt pas tāt oppoſee,qu'intēperance ſon excez. Pour deux cauſes ainſi il aduient, dont l'une procede du naturel de la choſe meſme: car par ce que l'une des extremitez approche plus, & reſemble au meilieu, nous oppoſons à ce meilieu,non pas icelle,ains l'autre plus contraire:cōme par ce que la temerité eſt plus uoiſine & reſemblāte à la force,& la timidité plus diſcordante, nous y oppoſons la timidité:à raiſon que les plus eſlōgnees du moyē,ſont au moyen plus cōtraires. Telle eſt la cauſe prinſe du naturel de la choſe : l'autre eſt tiree de de nous mesmes par ce que les uices, ausquels la nature nous a renduz aucunement plus enclins, semblent estre au moyen plus cōtraires: comme par ce que de nature sommes addonnez à uolupté, d'autāt plus aizément sommes portez & enclins à l'intemperance, qu'à la mondicité & honnesteté: parquoy nous disons celles la plus contraires, esquelles suruient plus d'accroissemēt & d'augmentation: d'ou uient que l'intemperance pour estre si excessiue est plus contraire à la temperance. Ainsi donques nous auons suffizamment deduit, que la uertu morale est un moyen, & par quelle maniere: & que le moyen est un meilieu entre les deux extremitez du trop, & du trop peu: aussi que la uertu telle estoit, à raison qu'elle tēdoit & uisoit au moyē qui se pourroit trouuer es actions & affections. Tellemēt qu'il est fort malaizé d'estre si uertueux, qu'en rien on ne faille en quelque endroit de sō deuoir: pource qu'il est difficile de trouuer en chacune chose le moyen & la mediocrité: comme il n'est aizé à chacun, mais à l'expert seullemēt de trouuer le meilieu du cercle: ainsi un chacun se peult courroucer, & facillemēt donner de l'argent & despendre: mais se courroucer, & le donner à ceux qu'il conuient, autant que de raison, quand il est besoin, pour telle cause, & de telle maniere qu'il est requis, n'est pas aizé à un chacun. Au moyen de quoy toutes choses bōnes & excellentes sont aussi rares, louables, belles, & honnestes: & pour ce est il necessaire, que celuy qui uise &

Chap. 9. Comme il fault trouuer le moyen, & le meilieu.

Le moyen est difficile à trouuer.

Les bonnes choses sont rares.

tend à la mediocrité, s'elõgne le possible de l'extremité, qui est la plus cõtraire à la uertu, & la plus uicieuse: ainsi que Calypso admonneste,

Toutesfois c'est au 12 de l'Odyssee, Circé qui ainsi admonneste Vlysses, quãd au sortir des enfers il se deuoit embarquer pour passer au destroit de Messine entre les deux dãgiers, gouffres, rochiers, & bãcz de Charybdis, & de Scylla. Que s'approchãt plustost du moins à craindre, il s'élongnast du pire qui est Scylla, lequel il dénote par les ondes et flotz qui la sont bouillongnans, & par les fumees especes & brouillars qui s'y exhallent & apparoissent: & non pas ainsi que pensent aucuns, par les ondes l'un, & par les fumees l'autre: car ce seroit sans propos, à la raison qu'il ueult donner pour fuir la pire des extremitez.

" Loin du brouillart fumeux,
" Pour bien naiger retire,
" Et du flot escumeux
" Vlysses ton nauire.

Car des deux extremitez l'une est plus uicieuse & accusable, & l'autre moins. Puis dõq qu'il est extremement difficile d'atteindre & paruenir à ce moyen, il fault d'une seconde routte (comme lon dit) faire uoile uers le moins uicieux & mauuais: ce qui se fera principallement selon la maniere que i'ay prescripte & enseignee. Il fault aussi prendre garde à quels uices nous sommes plus addonnez: car nature nous a réduz enclins, les uns à une chose, & les autres à une autre: ce qui est euidét par le plaisir, & la facherie, laquelle suruient en nous: mais il nous fault retirer à la partie contraire: ueu que distraicts & beaucoup elongnez du faillir & du crime, nous paruiendrons au moyen uertueux: ce que certainement font ceux, qui les bois courbez & tortus redressent & rameinent. Sur toutes choses il se fault garder des delices des uoluptez: car sans estre corrompuz, nous ne sçaurions d'elle iuger.

Nature.

Tout ainsi

Tout ainsi donques que les uieux princes Troyens furent passionnez d'Helene, nous aussi le deuons estre des uoluptez : uoire en tout & par tout suiure & accorder à leur dire & sentence: car elles ainsi de nous bannies & exillantes, moins aizé nous sera de faillir & peccher. Certes, affin que sommairemēt ie le die, si de telle sorte nous faisons & gouuernons, facilement pourrõs atteindre, & garder la mediocrité : il est uray que cela est assez difficile, & principallement es choses particulieres : car il n'est pas aizé d'expliquer & determiner de quelle sorte, contre quels hommes, pour quelles occasions, & combien de temps on se doit courroucer : ueu qu'il est par fois que nous donnons louanges à ceulx qui en colere deffaillans sont lens & tardifs, les appellans doulx, & benins, & les trop prõpts à se colerer, uiriles, & braues hommes. Celuy toutesfois, qui quelque peu deuoye du deuoir & du droict, soit par l'excez, ou le default, n'est point uituperé: mais celuy qui de beaucoup l'outrepasse: par ce qu'il est plus apparent & aizé à estre descouuert. Il n'est pas facile toutesfois par raisons & parolles de prescrire le terme, auquel on doit arriuer pour estre uituperable, ne combien, comme ny rien des choses qui tombēt en la cognoissance des sens: car es particulieres, & non uniuerselles, elles consistent, & par le sens elles sont dicernees & iugees. Maintenant donques il est assez declairé, que l'habitude du moyen entre les extremes est en toute chose louable: & qu'il fault tel-

C'est au troisieme de l'Iliade d'Homere, quād les uieux princes de Troye suadēt à Priā qu'en toutes sortes il fault renuoyer Heleine, disans audict Priā: Encores qu' Heleine, sire, En beauté sans seconde, Chacun prise & admire, Plusque chose du monde: Rendons la toutesfois, Aux Grecz à ceste fois.

le heure decliner à celle partie qui surpasse, telle heure flechir un peu uers l'autre qui n'y arriue. Car par telle maniere nous paruiendrons facillemẽt au meilieu & à la perfection.

Fin du second liure.

LE TROISIEME LIVRE DES ETHIQVES D'ARIstote Stagirite à son fils Nicomache.

Chap. I. Qu'il fault es actions de la uertu auoir egard à ce qui est uoluntaire, ou uiolent.

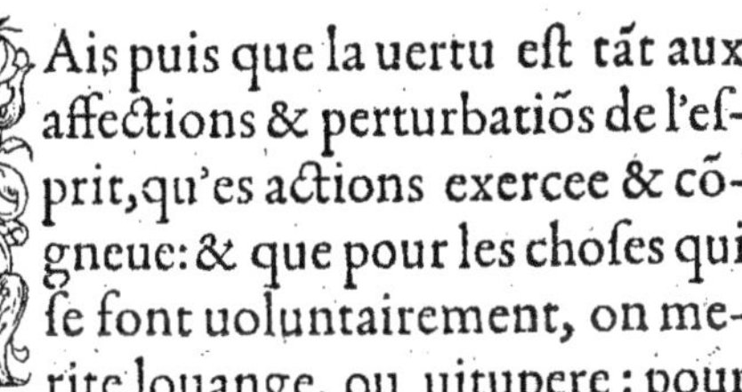

Ais puis que la uertu est tãt aux affections & perturbatiõs de l'esprit, qu'es actions exercee & cõgneue: & que pour les choses qui se font uoluntairement, on merite louange, ou uitupere: pour les non uoluntaires & forcees pardõ, & quelques fois misericorde: il est possible necessaire à ceux, qui cherchent & estudient de cõgnoistre la uertu, expliquer & diffinir, ce qui est en chacune chose de uoluntaire, ou forcé. Ceste congnoissance est utile mesmes aux legislateurs, pour ordonner honneurs, & peines. Les choses donques non uoluntaires & forcees, me semblent celles, qui se font par force, ou par ignorance. Par force & uiolence les choses se font, desquelles la cause & le commencement uenant de dehors, est tel, que celuy qui les fait, & qui

Les legislateurs.

Les choses nõ uoluntaires.

les

les endure & porte, n'y met rien du sien : comme si on est par les uents en un lieu transporté, ou par les hõmes ayans ceste puissance. Mais en celles, qui se font par l'horreur & peur qu'on a des plus grands maulx, ou pour quelque bien & honnesteté (comme quand un tyrant, en la puissance du quel fussent peres & enfans, commandast d'accomplir quelque uillainie & meschanceté, eulx francs & sauluez si l'executoyēt, sinon, perdus & morts) il y a doubte, à sçauoir s'elles sont forcees, ou uoluntaires. La raison est semblable quant es tempestes de la mer, si suruient un fortunal, on iecte en l'eau plusieurs choses: car nul de sa seule uolunté ne les ietteroit nullement: mais pour son salut & de tous les autres, tout hõme, s'il n'est priué du sens. A raison de quoy telles actions sont meslees : toutesfois elles tiennent plus & participent des uoluntaires, que des forcees: par ce qu'elles sont en l'election & au chois de l'hõme, alors qu'il les fait & execute. Mais la fin de l'action se prend & s'accommode selon le temps: l'action donques est dicte uoluntaire, ou uiolente, selõ le temps auquel elle est faicte. Et qui quelques choses fait, il les fait de son motif & le uoulant: ueu que les commencemens d'esmouoir telles parties, qui en telles actions seruent comme d'instruments, & consistent & sont en luy mesme: mais des choses dont les commencemens sont en luy, il est aussi en luy de les faire, ou non: parquoy telles choses sont uoluntaires, & possible toutesfois nõ point

Les premiers mouuementz incitās à faire quelque chose.

totallement ſelon la uolunté: par ce que nul de ſoy-meſme n'eſliroit & ſouhaiteroit à faire rien de telles choſes. Es actions de telle ſorte, ceulx ſont louez quelquefois, qui pour grandes & excellentes choſes endurent & ſupportent quelque deshonneſteté ou facherie: & uituperez ſ'ilz ſe gouuernēt au contraire. Car d'endurer uillainies & opprobres, ſans l'occaſion de quelque choſe honneſte ou excellēte, ou pour le moins mediocre, c'eſt un acte uile & mauuais. En d'aucunes toutesfois on ne reçoit louāge, trop bien pardō: quand quelq'un pour euiter les maulx & deſaſtres, qui ſurmontent la force & nature des hommes, & que nul n'attenderoit ny porteroit, faict des choſes qui ne feroyent à faire. Il y en a quelques unes poſſible ſi abominables, & flagitieuſes, qu'il n'eſt contraincte qui nous doiue, ny puiſſe forcer à les faire: ains plus toſt apres tourments & peines execrables, endurer la mort. Tellement que les cōtrainctes, dont l'Alcmeon d'Euripide fut animé & induict à deffaire ſa mere, ſemblent uaines & ridicules. Il eſt uray qu'aucunesfois il eſt difficile de iuger, ce qu'on doit en lieu d'un autre elire, ce qui ſe doit, & pour quelle choſe on le doit patir & endurer: uoire encores plus difficile, de demeurer & perſiſter en ce qu'on a congneu & diſcerné à cauſe que, comme le plus ſouuent il aduiēt, les choſes attendues ſont pleines d'aigreur & facherie, & celles qui contraignent & forcent, de uillainie & turpitude: d'ou procede que ceulx leſquels par telles cōtrainctes

Qu'ō ne doit ſouffrir un tort ou iniure.

Plus toſt mourir que faire ou endurer acte meſchāt.

Alcmeon, fils de Amphiaraus augur, par les ſuaſiōs de ſon pere, tua ſa mere Eriphile, à cauſe qu'elle auoit deſcouuert ſon mary, qui ſe cachoit, craignāt d'aller à la guerre de Thebes, preſcient que la il mourroit, comme il fiſt.

trainctes les ont faictes, ou non, meritent louange, ou blasme. Quelles sont dōc les choses, qu'on doit nommer uiolentes, & forcees? ou si totallement elles le sont, quand la cause & occasion de les faire suruient de dehors, & que celuy qui les fait, n'y apporte aucune ayde, ny rien du sien? Mais celles, lesquelles, encores que de soy elles soyent non uoluntaires & uiolentes, sont toutesfois en telle occasiō, & pour autres à elire, dont les commencemens sont en la puissance de celuy qui les faict, de soy certainement ne sont uoluntaires, ains au regard du temps, & de l'opportunité, les causes & fins pour quoy on le fait, elles sont uoluntaires, & semblent plus approcher du naturel des uoluntaires: car les actions consistent es choses particulieres: lesquelles sont uolūtaires. Il n'est pas aizé toutesfois de determiner & rendre raison, des choses qu'on doit elire au lieu des autres, pour la multitude des differences qui sont entre les choses particulieres. Mais si quelcun disoit, que les choses pleines ou de plaisir, ou de tristesse, par ce qu'auecques quelque uiolence & contraincte elles suruiennent de dehors, sont uiolentes: à celuy toutes choses du mōde sembleroyent forcees, & cōtrainctes: ueu que pour l'amour d'icelles, tout le monde fait toutes choses. D'auātaige qui maugré soy & cōtrainct fait quelque chose, est auec desplaisir, & douleur: qui par uolupté & ioye incité (encores que mal il face) prend plaisir en ce qu'il faict. C'est dōques chose ridicule, d'accuser les choses de dehors & suruenantes, non pas soymesme, d'estre trop facile à estre pris & enueloppé des toiles & rets de la uolupté: & se uouloir faire aucteur des choses excellétes, les uoluptez & leur force des uillaines & infames. Parquoy cela semble par uiolence estre faict, duquel le commencement suruient de dehors: & pour lequel accomplir, celuy qui est forcé, n'a aucun aide. Quất à celles qui se commettent par ignorance, elles ne sont toutes uoluntaires. Mais toute chose cõtraincte est tousiours moleste, & accompaignee d'une repentence: car qui par ignorance a commis quelque chose, & de son faict n'est desplaisant ny faché, celuy certes n'a faict uoluntairement ce que il ignoroit, & ne pensoit faire: & derechef, ny contre son uouloir, puis qu'il n'en préd desplaisir ny facherie. Ainsi donques es actiõs qui se font par ignorãce, ceulx qui d'elles apres le faict s'en repentent, s'appellerõt forcez & contraincts: ceulx à qui n'en desplaist, par ce qu'ils sont autres auecques les precedens, nonuoulans: car puisque ils sont des autres differents, il est bien meilleur qu'ils ayent leur propre nom. Encores il semble qu'il y ait difference entre les actiõs faictes par ignorance, & celles de l'ignorant. Veu que l'homme enyuré, ou colere ne commettét ainsi qu'il semble par ignorance, mais pour quelque chose des dessusdictes: & toutesfois c'est sans les sçauoir, ains en les ignorant. Certes tout homme meschant ignore les choses qu'il fault faire, & desquelles

Le uiolent.

Les choses faictes par ignorance.

Les forcez.

Les nonuoulans.

Les actions de l'ignorant.

les on ſe doit abſtenir : tant que par telle erreur &
ignorance, ils deuiennent iniuſtes & totallement
meſchans. Pour l'ignorance toutesfois de ce qui
eſt utile, on n'eſt pas eſtimé faire quelque choſe
par contraincte : car l'ignorance & imprudence,
qui eſt à l'election & uolunté ioincte, n'eſt pas cauſe de l'action forcée, ains de la meſchanceté : ny l'i-
gnorance generale & uniuerſelle, par ce que pour
telle ignorance les ignorans ſont uituperez, mais
pour celle des choſes particulieres, eſquelles & deſquelles ſe font toutes les actiõs : car en tels actes cõmis par telle ignorãce, il y a occaſiõ de miſericorde
& pardon : ueu que celuy qui rien ignore de telles
choſes, faict cõtre ſon uouloir & par force. Il ne ſera
donq poſſible mal à propos, de preſcrire & determiner les circonſtances & natures de telles choſes,
& en quel nombre elles ſont. Par quoy il fault deduire & uoir qui eſt l'agent, que c'eſt qui faict, en
quoy conſiſte l'action : & quelquesfois auecques
quoy, ainſi qu'inſtrument & moyen : à quelle fin &
cauſe, comme pour le ſalut : en quelle maniere &
ſorte, comme haſtiuement, ou poſément. Certes
aucun ſ'il n'eſt fol & hors du ſens, ne peult toutes
telles choſes ignorer : à plus forte raiſon donq & celuy qui les faict, comme ſe pourroit il ignorer luy-
meſme ? biẽ peult il ignorer ce qu'il faict, ainſi qu'on
uoit en ceulx qui ont faict une choſe, cuidans faire l'autre, & qui ont diuulgué quelques choſes, igno
rãs qu'elles fuſſent tinſes pour ſecretes, ny defendues

de dire, comme Aeſchylus fiſt les myſteres : & celuy qui en uoulant monſtrer quelque baſton dãgereux, diſt que ſansy pẽſer il le lacha, ainſi que fiſt celuy, de la Catapulte. Voire il peult aduenir que quelqu'un pẽſe de ſon propre fils, quẹ ce ſoit l'ennemy, comme fiſt Merope: & qu'une pertuiſane ſoit mouce & eſpoinctee, qui a la pointe bien aguizee : ou qu'un caillou ſoit pierre põce : & que celuy tue, qui pour ſon ſalut ne penſoit que ſe defendre: ou frapper, en uoulãt mõſtrer & enſeigner: ainſi que font ceulx, qui de toutes leurs forces de brats & mains, ſans liaiſon de corps luttent & combatẽt. Veu dõcques qu'en toutes les choſes de telle ſorte, eſquelles conſiſte action, il y a erreur & ignorance: non ſeullement celuy qui quelque choſe en ignorera, aura commis forcément & mal uoluntiers, mais principallement celuy qui ſera ignorant de celles qui ſont les principales. Les choſes principales ſont celles eſquelles conſiſte l'action, & auſquelles cõme à leur fin elle eſt referee: & ia ſoit ce que toute actions faictes par telle ignorance, ſoyent dictes non uolũtaires & forcees, ſi eſt ce qu'il fault d'auãtaige, que

Les choſes principales.

Aeſchylus fut un poete tragique, qui, comme Plutarque dit en ſon opuſcule de l'exil, en quelqu'une de ſes tragedies eſcriuit quelques choſes obſcures & cachees touchant l'exil d'Appollo. Ce que poßible ueult icy toucher Ariſtote, ou cõme quelque ſcauant homme à penſé, les myſteres de Ceres qui eſtoyent anciennemẽt choſes bien cachees & ſecretes.

Catapulte eſtoit le temps paßé une machine de guerre de ceſte eſpece qu'eſtoyent arbaleſtes & ſcorpions, deſquelz on lancoit & dards & pierres groſſes pour affondrer hõmes, cheuaux & maiſons. Vitruue en parle en ſon liure 10. chap. 15. & 16. & Marcelin, liure 23. Val. li. 1. Ceſar au premier de ſes guerres ciuiles, Cic. li. 2. des Tuſcul. Vegece en ſon liure de l'art de guerre 4.

Merope, d'elle fait mentiõ Plutar. en ſon oraiſon conſolatoire, & Hygine en pluſieurs endroitz.

Il entend des combatz & exercices qui ſ'appelloyẽt le temps paſſé, les Ceſtes & le Pancratiat. auiourdhuy les Brettons appellent lutter à force de bras, ce que anciennement les Grecz diſoyent, comme en ceſt endroit, ἀκροχειρίζειν. & le contraire lutter corps à corps.

que l'action soit facheuse, & suyuie de repentance & desplaisir. Puis donq que le uiolent & non uolũtaire est celuy, qui se fait de force & par ignorance: le uoluntaire semble estre celuy, duquel le premier mouuement & commencement est en celuy qui le fait, & congnoit les circonstances des choses particulieres, esquelles cõsistent les actions: car possible, c'est parlé mal à propos de dire, que ce que lon fait par courroux & par cupidité, ce face forcément & mal uoluntiers: ueu que premieremẽt nul des animaux, ny l'enfant, ne fera rien uoluntairement des choses esquelles nous induit & attire l'ire, & la cupidité: ou si de nostre gré & uoluntiers faisons les excellentes & hõnestes, contraincts & forcez les abiectes & uilaines? ou si cela est ridicule, ueu que l'occasion est mesme en l'une qu'en l'autre? Aussi qu'il est possible inepte d'appeller les actions qui sont à desirer, non uoluntaires: ueu qu'il n'est indecent, de s'émouuoir & colerer de quelques unes, auoir desir & cupidité de certaines, comme de santé, & des disciplines. D'auantaige toutes choses faictes par cõtraincte, ne semblẽt estre sans douleur & facherie: ny celles qui se font par cupidité, & d'affectiõ sans ioye. Oultre ce, quelle difference y aura il, entre les fautes commises d'un propos deliberé, & certain iugement, & celles qu'on fait à la chaude, & en colere, si toutes deux sont à fuir? Car les affections irraisonnables ne semblent estre moins conuenantes à l'homme: & les actions de l'homme sont encores

Les choses uoluntaires.

quelquesfois diriuees de l'ire,&de la cupidité:mais il n'eſt raiſonnable d'enumerer telles choſes es non uolūtaires & uiolentes. Apres auoir diffiny le uolūtaire,& le non uolūtaire,il nous fault diſcourir que c'eſt que l'electiō: car elle ſemble eſtre plus cōioin-te,& propre à la uertu:& pouuoir donner iugemēt & demōſtrāce, quelles ſōt les couſtumes & mœurs de quelqu'un plus grāde que les actions. L'election donc procede de uolunté: toutesfois ce n'eſt pas tout un qu'elle, & le uoluntaire: car le uoluntaire ſ'étēd plus loin,& la ſurpaſſe: ueu que le uoluntaire eſt commun & aux enfans,& à tous les autres animaux,& non pas l'election. Pareillement ceux qui parlans d'elle,diēt qu'ell'eſt une cupidité,courroux, uolunté,ou une certaine opiniō,n'en parlēt à mon aduis bien à propos:ueu que l'election n'eſt point cōmune aux animaux irraiſonnables,trop biē l'ire, & la cupidité:& puis l'intemperant auec cupidité, non pas d'election & iugement,faict quelque choſe:tout au rebours,l'homme continēt ſans eſtre induit d'aucune cupidité, par iugement & election. D'auantaige l'election & iugement aux cupiditez cōtrariēt, les cupiditez iamais à elleſmeſmes: la cupidité encores eſt des choſes plaiſātes,ou facheuſes: l'election ny des unes,ny des autres. Encores moins l'electiō eſt ire ne courroux:ueu que les choſes menees de colere ſēblet biē peu eſtre faictes d'electiō. Certes ny uolunté auſſi, bien qu'ell'en ſemble eſtre fort prochaine: car il n'eſt aucune electiō en choſes impoſſibles:

Que c'eſt que l'election.

impoſſibles : tellement que ſi quelqu'un ſe les diſoit choiſir & elire, il apparoitroit innocēt & idiot. Mais la uolūté eſt des choſes impoſſibles, cōme de l'immortalité: uoire la uolūté eſt de telles choſes, que lō ne uoudroit aucunement faire ſoymeſme, comme uouloir qu'un bateleur, ou lutteur emporte la uictoire: ueu que nul ne ſe cōſeilleroit, ou eliroit telles choſes: ains celles ſeulemēt, leſquelles de ſoy meſme il penſeroit faire. D'auātaige la uolunté regarde plus la fin, & l'election les moyens & manieres d'y pouuoir arriuer: cōme uoulans guarir, nous en eliſons les moyēs, & uoulons tous eſtre heureux, & le diſons: il n'eſt toutesfois à propos, mais inepte de dire, qu'eliſons de l'eſtre: car uniuerſellemēt l'election cōſiſte es choſes faiſables, & en nous ſituees. Election auſſi n'eſt point une opinion, pour ce q̄ de toutes choſes on a quelque opinion : & non moins des eternelles & impoſſiſibles, que de celles qui ſont en noſtre puiſſance. d'auantaige l'opiniō eſt diuiſee en la faulſe, & en la uraye, non pas en la bōne, ou mauuaiſe: en quoy eſt plus cōgneue l'electiō & iugemēt: au moyē de quoy elle n'eſt nullemēt ſēblable à l'opinion. & poſſible il n'eſt perſone qui le uoulut dire ny maintenir: uoire non pas meſmes à aucune opinion: ueu q̄ par l'election des choſes bonnes, ou uicieuſes, nous ſommes bons ou meſchās: & par l'opinion nullemēt. Et nous prenons deliberation, & eliſons de paruenir à quelque choſe, ou de la fuir: ainſi ſemblablemēt par opiniōs nous cōiecturōs la

La uolunté.

Que c'eſt que opinion.

nature d'une chose, à qui elle peult profitter, & en quelle façon : mais nous ne pensons pas grandement, que par opinion nous puissions attaindre, ou fuir quelque chose. D'auantaige l'election est louee, pour elire la chose que plus elle doit, ou de proposer ce qui est iuste & droict : mais opinion si elle a suiuy la uerité, & nous elisons ce qui nous séble meilleur, & auõs opinion de ce dõt nous ne sõmes assez certains. Oultre ce les mesmes personnes ne semblét elire les choses meilleures, & en opiner: parce qu'il y en a quelques uns qui ayãs bonne opinion de la uertu, uaincuz de leur malice toutesfois, suyuent & elisent les choses uicieuses: aussi de rien il n'importe, si l'opinion suruiét premiere que l'election: car ce n'est pas ce que nous cherchons, ains si l'election est une mesme chose, que quelque opinion. Qu'est ce donc que l'electiõ? de quelle nature est elle, puis qu'elle n'est rien des choses desusdictes? certes il appert qu'elle est des choses uolũtaires: toutesfois toutes les choses qu'on ueult & desire, ne sõt pas à elire: ains celles dõt on a pris aduis, deliberation & iugement : par ce que l'election se fait auec raison & pensee. ce que aussi le nom mesme signifie: car preelection est une election d'une chose plus tost que d'une autre. Mais à sçauoir si l'homme doit de toutes choses consulter, & si de toutes lon peult prendre conseil, ou si d'aucunes il n'en fault prédre nullemét? il est bon possible de respondre, qu'il fault deliberer & consulter, nõ pas de tout ce qu'un idiot

Preelectiõ est ditte προαίρεσις, quasi ἑτέρων πρὸ ἑτέρων αἵρεσις.

Que c'est que deliberation & conseil.

ou insensé prendroit conseil, mais l'hõme saige & aduisé. Car quãt aux choses immuables & eternelles, nul n'en delibere ne consulte: comme du monde, ny de la dimension de la ligne diametrale, & de la laterale, pour ce qu'elles sont entre soy immensurables: pareillement ny des choses qui consistent en mouuement, & reuiennent tousiours de mesme sorte, soit par necessité, par nature, ou par quelque autre cause, comme les conuersions & renaissances du soleil: non pas des choses mesmes qui aduiennẽt quelquesfois en diuerse sorte, cõme sont les seicheresses, & les pluies: ny des choses fortuites & d'auẽture, comme de trouuer un thezor: uoire ny de toutes les affaires & portemẽt des hommes: car nul des Lacedemoniens ne consultera, comme les Scythes doyuent user de bonne police: ueu que nulle de ces choses ne gist en nostre puissance & action, & que lon prend conseil des choses faisables, & que nous pouuons par nous conduire & accomplir. Il ne reste donc que celles, desquelles on puisse deliberer & prendre cõseil: car les occasiõs & causes des effects, semblẽt estre, la nature, la necessité & la fortune: & oultre, la pẽsee, & ce qui procede du uouloir de l'hõme mais un chacun delibere & cõsulte des choses, que de soy mesme il peult mettre en action. D'auãtaige on ne prend point conseil de celles sciẽces qui sont certaines, & contentes de leur suffisance, comme des lettres: car nous ne cõsultons de la façon de les paindre & former: mais de toutes les choses qui par nous ſe peuuēt faire,nõ pas touſiours d'une ſorte,nous prenõs deliberation & cõſeil: cõme en l'art de medecine,de la banque,& en celle du nauigaige plus toſt qu'en la gymnaſtique,d'autant qu'elle eſt moins certaine: ſẽblablemẽt des autres, & plus toſt des arts que des ſciences:par ce que en elles trouuõs plus à douter:car le cõſeil ſe prẽd partie des choſes, leſquelles ia ſoit ce qu'elles aduiẽnẽt d'une façon le plus ſouuent:il n'eſt toutesfois certain ny determiné,cõme elles doyuẽt reſſortir, ny ſe reſoudre:partie de celles qui n'õt riẽ de certain, ny de preſcript. es grandes affaires & entrepriſes,nous deffians de nous meſmes,cõme inſuffiſans d'en diſcerner & ordonner,nous prenõs le cõſeil des gens aduiſez:conſultans non pas de la fin que l'entrepriſe doit prendre,mais des moyẽs neceſſaires pour la conduire à telle fin:ueu q̃ le medecin ne fait conſultation pour ſçauoir ſ'il guarira, ne l'aduocat ſ'il perſuadera, ny le gouuerneur d'une uille, ſ'il doit mettre bõne police & ordonnance,ny aucun des autres ſemblablement ne cõſulte de la fin & iſſue:ains ſ'eſtãs propoſé un but & fin,uiſẽt & tẽdẽt à ſe cõſeiller des façõs,& choſes requiſes pour y paruenir: & ſi par pluſieurs moyens leur entrepriſe ſemble pouuoir ſortir à effect,il cõſiderẽt lequel eſt le plus facile & excellent: & ſi d'un ſeulemẽt,cõme il faudra par luy y paruenir:& puis moyẽnãt quoy ils pourrõt ſ'aider de luy, & l'obtenir: tãt qu'ils ſoyẽt uenuz iuſqu'à la premiere occaſion & cauſe pour laquelle ils cõſultent: qui

La gymnaſtique. ce nom eſtoit le tẽps paſſé general pour tous les ieux, cõbatz, & exercices que lon faiſoit nud, & depuis par ce que de tel exercice on en deuenoit plus diſpos et allegre: l'art par laquelle on ordonnoit quelques certains exercices aux mal diſpoſez fut appellee gymnaſtique.

eſt

eſt celle qui ſe trouue en conſeil la derniere: car celuy qui prẽd cõſeil d'une choſe, ſ'en ſemble enquerir & reſoudre, ne plus ne moins que le geometre, en ſes lignes & deſſeings. Mais toute ſorte de demãde & queſtion ne ſemble pas eſtre conſeil: cõme les inquiſitiõs mathematiciẽnes: trop bien tout cõſeil eſt queſtion & inquiſition. D'auãtaige il appert que la choſe qui ſe reſout la derniere en conſeil, eſt la premiere nee, & celle qui premierement ſe met en deliberation. Auſſi quãd en cõſultant on tombe ſur une impoſſibilité, cõme ſi en neceſſité d'argent on uoit qu'il eſt impoſſible d'en trouuer, on ne ſ'y arreſte aucunement: mais ſ'il ſemble qu'il ſoit poſſible d'en auoir, alors on eſſaye d'en faire & amaſſer. I'appelle les choſes poſſibles & faiſables, celles qui par nous ſe peuuent faire: car celles qui par noz amis ſe font, c'eſt aucunemẽt par nous meſmes: ueu q̃ d'elles le premier mouuemẽt & cõmencement eſt en nous: mais tellefois on cherche les inſtrumens & moyens, tellefois l'uſaige d'iceux. Sẽblablement & aux autres choſes, eſquelles lon ſ'enquiert aucunefois, moyennãt quoy, quelquesfois comme, ou par quelle raiſon, & par qui ſe pourra cõduire la beſongne: & puis l'homme (comme nous auons cy deſſus dit) ſemble eſtre le cõmencement des actions, mais le cõſeil ſe prend des choſes qui ſe peuuent par luy manier & faire: & les actions ſe font en pretendant de paruenir à d'autres choſes. Parquoy la fin des choſes ne ſe met en deliberation ny conſeil, ains les

Le Geometre eſt celuy qui compaſſe & meſure toutes choſes par lignes, poincts, & dimenſions.

Les choſes faiſables.

manieres & moyens appartenans à telle fin: ny pareillement des choſes ſimples & particulieres on ne delibere ny conſulte: comme à ſcauoir ſi cela eſt du pain, ou ſ'il eſt petry & cuit ainſi qu'il fault: par ce que telles choſes conſiſtent en la congnoiſſance du ſens: deſquelles ſi à tout propos il falloit deliberer & prẽdre cõſeil, ce ſeroit une choſe infinie. Les choſes auſſi d'ont il ſe fault conſeiller, & celles qui ſont à elire, c'eſt tout un: fors que celles qu'on doit elire, ſont parauant determinees: par ce que cela qui eſt par bon conſeil arreſté & iugé meilleur, eſt lors à elire: car chacũ deſiſte à lors de ſ'ẽquerir des moyẽs & manieres, comme il doit faire, quant à ſoy il a reduit le premier cõmẽcemẽt, & à celle partie qui eſt en luy la premiere & principalle: car c'eſt celle qui choiſit & elit. Certes cela eſt apparent & manifeſte par les anciennes republiques, leſquelles Homere à imitees: eſquelles les roys recitoyent au peuple, les choſes qu'ils auoyẽt eleues de faire. Puis dõc, que la choſe eleue eſt celle des choſes qui ſont en noſtre puiſſance, qui par bon cõſeil eſt deſirable & à pourſuyure, l'electiõ ſera, apres deliberatiõ & cõſeil pris, un deſir des choſes qui ſont en noſtre puiſſance: car quand apres deliberation nous auons determiné & iugé de ce que uoulons faire, lors nous commẽçons à ſuyure le cõſeil pris & arreſté. Ainſi donc brieuement & ſimplement auons diſcouru de l'election, quelle elle eſt, en quelles choſes elle cõſiſte, en celles c'eſt à ſçauoir qui peuuent les entrepriſes conduire

L'election.

à leurs

à leurs fins. Nous auons par cy deuant dict, que la uolunté tend & appartient à la fin : à d'aucuns il a semblé qu'elle fust des choses bonnes, à d'autres de celles qui telles leur apparoissoyent. Il s'ensuit dõc, selon l'aduis de ceux qui dient, que ce qui est uoulu & desiré, est bon: cela ne pouuoir estre desiré, q̃ celuy ueult qui n'a eleu selõ droit & raison, puis q̃ bon il seroit, si uoulu & desiré il estoit, qui possible toutesfois estoit de soy mauuais. Ceux aussi qui dient, que la chose desiree est celle dont il y a apparẽce & opinion q̃ bonne elle soit, doyuẽt cõfesser necessairemẽt, que de nature nous ne sommes incitez à riẽ uouloir, & que par elle rien n'est desirable, ains ce mesme que par opinion seulement à semblé bon : à d'autres encores il a semblé autrement, & possible chose repugnante & contraire : mais si ces opinions ne plaisent, il faut dire qu'absolument, & à la uerité cela qui est bon, est desirable: & d'un chacun cela estre desiré, qu'à luy, apparoist & semble bon. Car au uertueux & honneste cela s'emblera bõ, qui uraymẽt l'est: au maling & meschãt, ce qui luy uiẽt en pẽsee & opiniõ, & ne plus ne moins qu'au corps bien dispose & sain, celles choses sont salubres, qui à la uerité sont telles d'elles mesmes : au malade & febricitant d'autres, & pareillement les ameres, doulces, chaudes, pesantes, & les autres. Car l'homme de bien & uertueux iuge de chacune chose selon droict, & ne luy semble en chacune rien estre uray, qui tel ne soit : ueu que chacune habitude est

Que c'est que la uolũté, & à quoy elle tend & appartient.

accompaignee de ſa propre honneſteté, & ioye: tãt qu'en telle congnoiſſance, de uoir & entendre ce qui eſt en chacune choſe de uray, l'hõme uertueux & honneſte eſt poſſible beaucoup ſur les autres excellent: comme celuy qui eſt de chacune la reigle & la meſure. Mais la multitude eſt apaſtee & deceue par les fraudes de la uolupté, qui n'eſtant bonne la ſemble eſtre: au moyen de quoy pluſieurs deſirent & eliſent la uolupté, comme un bien: & fuyent la douleur, & facherie cõme un mal. Puis dõc qu'ainſi eſt, que la uolunté tend & appartient à la fin, & que le cõſeil & l'election eſt des moyẽs & façons de paruenir à celle fin: il fault confeſſer, que les actiõs qui conſiſtent en telles choſes, ſe facẽt d'election, & ſoyẽt uoluntaires: mais les actiõs uertueuſes ſ'exercent en telles choſes. La uertu dõc & le uice ſont en noſtre puiſſance & arbitre: car des choſes dõt il eſt en nous de les faire, il eſt auſſi en nous de ne les faire: ſemblablemẽt & de celles, deſquelles auons le pouuoir de ne les faire, nous auõs celuy de les faire auſſi: tellemẽt que ſi la puiſſance eſt en nous de faire un acte uertueux, elle eſt pareillemẽt en nous de n'en faire un uillain & reprochable: & ſi auons (tout au rebours) le pouuoir de ne faire ce qui eſt decent & hõneſte, ne plus ne moins l'auõs nous de cõmettre ce qui ſera deshonneſte & meſchant. ainſi donq ſ'il eſt en noſtre puiſſance de faire les choſes uertueuſes, & meſchantes, ou non: (qui uault autant à dire, qu'eſtre meſchãs, ou uertueux) il ſera en noſtre puiſſance

La uolupté.

Qu'il eſt en noſtre puiſſance & arbitre de nous rendre uicieux ou uertueux.

ſance auſſi, d'eſtre bons ou meſchans. Mais de dire que nul de ſa uolunté n'eſt meſchant, n'y maugré luy bienheureux, l'un eſt faulx, & l'autre uray: car comme nul par force & ſans ſon uouloir ne peult eſtre beatifié ny heureux: ainſi la malice prouiẽt de la uolunté: autrement, il faudra qu'il y ait doute & contradiction es choſes qu'auons cy deſſus declairees: & que l'homme n'ait pas en ſoy le premier mouuement & commencement de faire les actiõs, & de les engendrer, comme le pere les enfans: toutesfois, ſi touchant ce poinct il en ua ainſi que i'ay dict, & ne pouuons reduire à autres commencemẽs ces actiõs, qu'à ceux qui ſont en nous meſmes: certes il fault auouer que les choſes, dont le premier commencement giſt en nous, ſont en noſtre puiſſance, & procedent de noſtre uolunté. De cecy chacun es choſes priuees & particulieres donne ſuffiſant teſmoignage, & en public les legiſlateurs: qui tourmentans, & puniſſans tous ceux leſquelz ſans force ny contraincte, ny par ignorance (ſi d'elle ils n'eſtoyent autheurs & coupables) ont commis crime & meſchanceté, decernent honneurs & triumphes à ceux, dont les geſtes ſont louables & excellents, comme pour inciter les uns, & empeſcher les autres. Mais perſonne ne ſuade de faire les choſes qui ſont hors de noſtre puiſſance & uolunté: cõme mal à propos, & pour neant ce ſeroit de perſuader à quelcun, de n'auoir chault, douleur, faim, ou quelque autre choſe ſemblable: puis que de rien moins

Nul heureux, ſi eſtre ne le ueult.

Les legiſlateurs.

il ne lairroit de les endurer. D'auantaige lon punist celuy,qui par ignorãce & erreur pecche, s'il est cause luy mesme de son ignorance, tellement que les enyurez sont chastiez de double peine, par ce que le commencement uient de la faulte de celuy,qui s'est enyuré,puis qu'il pouuoit biẽ s'abstenir d'yurõgner, d'ou l'erreur de son ignorance est procedee. On punist aussi celuy, qui pecche par ignorãce des choses,qui par loix sont statuees & publiees,lesquelles ne sont difficiles à entendre, & qu'on est tenu de sçauoir:uoire & de toutes autres choses, quand ce qu'on pouuoit par estude & diligence sçauoir,on la par trop grand paresse & negligence ignoré: puis qu'en eux,pour ne l'ignorer, estoit le pouuoir de se diligenter de l'entendre : possible tel y a, qui ne met peine,soing ny diligence aucune pour les entendre: mais qu'il y en ait quelques uns de telle sorte, eulx mesmes en sont la cause,quand ilz uiuẽt d'une uie si dissolue & delicate:uoire & d'estre intemperans, & iniustes, ceulx cy pour faire tout auec malice & fraude, les autres pour passer leur temps à bãcqueter,yurongner,& choses semblables: par ce que telles que sont les actions,deuoirs, & œuures en chacune chose,tels elles rendẽt les hommes, de qui elles sont procedees. ce que manifestement on peult uoir,par ceulx qui se dressent à quelque exercice ou combat:car ils sont en telle estude perseuerãs,actifs & diligens.Ignorer donq que des actions & manimens de chacune chose s'engendrent les habitudes, c'est

Les enyurez.

Noz iurisconsultes appellent telle ignorance crassam & supinam, qui est d'ignorer ce que tout le mõde scait.

D'ou procedent les habitudes.

c'est à faire à un grand sot, & homme sans entendement. D'auātaige il n'est pas raisonnable, que celuy qui fait iniure, & uiole le droit, ne soit dit iniuste, & de qui la uie est intemperante, & deshonneste, intemperant: & si nullemēt ignorāt, cet iniurieux & iniuste commet les choses qui iniuste le rendēt, il est certes iniuste par sa uolunté, & ne pourra iniuste deuenu, desister, encores qu'il uoulust, de l'estre, & iuste deuenir. Car le malade pour souhaitter santé, ne deuient sain: encores que paraduenture sa maladie soit uenue de sa uolunté, pour auoir uescu luxurieusement, & en desobeissant aux medecins: au parauant donq, durant sa santé, il luy estoit permis d'euiter sa maladie, mais non pas depuis qu'il est tombé en maladie. Et ne plus ne moins qu'à celuy qui a lancé une pierre, il n'est plus possible de retenir son coup: encores que parauāt il fust en son pouuoir de la iecter, ueu que le premier commēcement estoit en luy: ainsi aux iniustes & luxurieux, il estoit des le cōmēcemēt permis de ne deuenir tels, pource que le uoullās ils sont en tels uices tombez: mais apres qu'ils sont tels deuenuz, il est impossible que tels ilz ne soyent. Et non seulement les uices de l'esprit sont uoluntaires, & suruiennent par nostre faulte: ains aussi en d'aucuns les deformitez, & uices corporels: lesquels pareillemēt meritent blasme & uituperation: ueu que personne ne reprēd ceulx qui de nature sont uitiez & difformes: mais ceulx à qui par negligence, faulte d'exercice, & par paresse

Les deformitez sont à blasmer quelques fois.

tels uices, & deformitez sont suruenues. Autant en disons nous pour la debilité du corps, laideur, & mutilation de quelque membre: car comme il n'est homme, qui pour uice reprochast à un aueugle né, & à celuy qui par maladie ou d'un coup seroit aueuglé, la perte de la ueuë, ains plus tost en auroit compassion & pitié: ainsi tout le monde blasmera celuy, qui se saccageant d'yurongneries, & luxures immoderees, s'est la lumiere des yeux esteincte: tellement que pour les uices corporels, d'ont la puissance est en nous de ne les encourir, on merite reproche, pour les autres non. Mais si ainsi est, il fault auouer pareillemēt que les uices, qui en autres choses sont reprehēsibles, sont en nostre puissance aussi: & si quelcun disoit que chacun tēd & desire ce qui semble & apparoist estre bon, & qu'on n'a telle aparence, estimation, ny phantasie en son auctorité ny puissance, ains qu'à chacun tel qu'il est, telle s'apparoist la fin & consummation des choses. Ie luy respond: que si un chacun aucunement en soymesme engendre & cause l'habitude, par laquelle tel il est: que luy mesme aussi est cause pourquoy il a telle apparence & iugement. Mais si nul n'est cause de sa meschāceté, & ne se donne point occasiō de mal faire, ains par l'ignorance de la fin commet choses si flagitieuses, cuidant par elles se beatifier, & rendre heureux. Et si le desir de tendre à telle, ou à telle fin, n'est en nostre liberté, ny arbitre: mais il fault de nature estre ainsi faict, & né, comme ayant la ueuë

assez

aſſez aiguë pour pouuoir parfaictement diſcerner & iuger, & ſelon la uerité, & elire ce qui eſt de bon: & ſi celuy en qui nature a mis ceſte grace, & force, eſt bien né, de bon iugement, & eſprit: ueu qu'il a ceſte force treſgrande, & treſexcellente, & telle qu'on ne la peult d'autre receuoir, ny apprendre, ains telle que nature la luy a dõnee: & ſi eſtre ſi bien & excellentement par nature formé, & inſtitué, eſt la parfaicte & uraye bonté d'eſprit, & iugement: tant que ſi toutes ces choſes ſont urayes, pour quoy plus toſt uertu, que uice, procede de uolunté? puis que tous deux, tant au coupable & meſchant, qu'à l'hõme de bien & hõneſte, la fin par nature, ou quelconque autre façon, apparoiſt, ſe preſente, & arreſte, à l'occaſiõ de laquelle ilz font toutes autres choſes, & en telle façon qu'il leur ſemble? Mais ſi la fin par nature n'apparoiſt à chacun ny de quelcõque ſorte, ains ſi oultre ce, il uiẽt & procede de nous quelque choſe de ceſte apparence, ou ſi la fin eſt naturelle: & à cauſe q̃ l'hõme de bien & hõneſte faict le reſte des autres actiõs uoluntairemẽt, la uertu eſt uolũtaire: le uice auſſi ne ſera moins uolũtaire, puis que la cauſe d'ou uiẽt ceſte uolũté es actiõs, & telle apparẽce, en cõſideratiõ des fins, eſt pareillemẽt en l'eſprit des meſchãs & flagicieux, qu'ẽ celuy des uertueux & honneſtes. Si donc (ainſi cõme on dict) par ce qu'aucunement nous ſommes cauſes nous meſmes des habitudes que nous acquerõs, & que tels q̃ nous ſommes, telles fins nous prenons & poſons, la uertu eſt uolũtaire:certes les uices,puis que la raiſon eſt pareille, ſerõt auſſi uoluntaires. ainſi donq nous auõs dict es choſes qui ſont communes à toutes les uertuz, & demonſtré uniuerſellemẽt quelle eſt leur eſpece,comme elles ſont habitudes,mediocritez:de quelles choſes elles ſ'engendrẽt: que elles & de ſoy meſme font les œuures & actions, dont elles meſmes ſont nees & ſorties:qu'elles ſont en noſtre puiſſance:qu'elles procedẽt de noſtre uolũté & arbitre: & de telle façon & maniere q̃ la droicte raiſon l'ordonne. Toutesfois les actions & les habitudes ne ſont pas de ſemblable maniere uoluntaires: car depuis le commencement iuſques à la fin & executiõ, les actions ſont en noſtre puiſſance: par ce qu'auõs la congnoiſſance de chacune choſe particuliere: des habitudes au commencement ſeullement: à raiſon qu'en elles l'accroiſſemẽt & ſuruenue qui peu à peu ſe fait des choſes particulieres, nous eſt moins congneue, tout ainſi qu'es grandes maladies: mais parce qu'en nous il eſtoit d'en uſer ainſi, ou non, elles ſont dictes uolũtaires. Maintenãt reuenãs au cõmẽcemẽt, deduiſons de chacune uertu en particulier: quelles elles ſont, en quelles choſes elles cõſiſtent, & par quel moyẽ & façõ elles ſont exercees & acquiſes:car par meſme raiſon nous uoirrons manifeſtement cõbien elles ſont. Parlons dõq premieremẽt de la force, laquelle, ainſi qu'il eſt euidẽt, & que i'ay desia dict, eſt une mediocrité & moyẽ entre la peur, & la temerité. Nous auons peur des choſes terribles

La difference des actions aux habitudes.

Que c'eſt que la force, & en quelles choſes ell'eſt congneue.

&

& epouuentables, lesquelles aussi, à fin qu'une fois ie le die, sont mauuaises: au moyen de quoy ilz diffinissent la peur, une attente & expectation de mal: parquoy nous auons peur de tous maux, comme du deshonneur, de pauureté, maladie, faulte d'amis, & de la mort: toutesfois en toutes ces choses, l'homme fort ne fait preuue de sa uertu, & n'est congnu: ueu qu'il fault & est honneste d'auoir peur d'aucunes, & de ne les craindre uillain, & deshonneste, cōme du deshonneur: car celuy qui le craint, est saige & uerecond, & qui n'en a horreur, impudent & eshonté: encores que d'aucuns l'ayent, usant de translation de sens & metaphore, appellé fort: pour la resemblance qu'il a aucunemēt auec l'homme fort. Car c'est un homme rien ne craignāt, & sans peur, que l'homme fort: & bien que possible ny pauureté, ny maladie, ny rien des choses qui ne suruiennent par nostre uice, & dont nous ne pouuons estre occasion, ne soyēt à craindre: toutesfois celuy qui rien n'en craint, ne se doit nommer fort: encores que pour quelque resemblance, fort nous l'appellions: ueu que quelques uns, poureux & couards aux dāgiers de la guerre, sont liberaux, & à toute despense, profusion & perte d'argēt si libres, qu'ils s'y portent courageux & hardis: ny quelqu'un pour auoir peur qu'iniure, & force soit faicte à ses enfans, ou à sa femme: pour craindre enuye, ou quelque chose sēblable, n'est timide ny couard: ny fort celuy, qui hardiment porte les coups de fouët. En quelles dōc

Que c'est que peur.

Metaphore est une figure de diction, quand on use & emprunte lon un mot, signifiāt quelque chose proprement pour en signifier un autre, comme uoir, qui est le propre des yeux, l'adaptāt à l'esprit, en disant uoir en son esprit.

des choses horribles, & perilleuses se cōgnoist l'hōme fort? Est ce aux tresepouuētables, & tresgrādes? puis qu'il n'en est aucun, qui de plus braue cueur soustiēne & endure tous maux & aduersitez? Mais de toutes choses la mort est la plus terrible: car c'est la derniere fin, laquelle priue le mort de tout sens, tant de choses bōnes, que mauuaises. en toutes especes de mort toutesfois, le fort ne fait preuue de soy; & pour elles n'est fort estimé: cōme de se naier en mer, & de mourir par maladie. en quelles dōc? estce es plus excellentes? comme en celle dont on meurt en la guerre: par ce c'est à sçauoir, qu'on la cherchee en un peril si grand, si plain d'hōneur & de reputation. les honneurs que font les monarques, & que decernent les republiques aux uaillans hōmes, qui y sont morts, tesmoignēt amplement ce que ie dy. Celui donc est proprement homme fort, qui en peril d'honneste & excellente mort prochaine, & en tous dangiers subitz & inopinez (quels certes sont ceux des guerres & conflitz) qui le peuuent à telle mort mener & conduire, est asseuré & sans peur. Pour ce ne laisse l'hōme fort, es fortunes de mer & de maladie, d'estre hors de toute peur: non pas toutesfois, ainsi que les mariniers & pilots: car les forts n'esperent de se pouuoir sauuer, & desdaignēt telle façon de mourir: les autres pour la grand' experiēce & usaige qu'ils ont en l'eau, sont bien esperans, & s'en sont acquis asseurāce. D'auantaige les hommes forts usent de leur uaillentie & couraige, es choses, ou

La mort tres-terrible.

Mourir en guerre treshōnorable.

Qui est propremēt l'hōme fort.

ou les forces sont requises: ou lors qu'il faict beau & honneste de mourir: mais ny l'un ny l'autre n'est en telles façons de mort. Aussi les choses terribles & à craindre ne sont pas enuers tous choses sẽblables: ueu qu'il y en a quelques unes qui sont par dessus la force de la nature, & des hommes: lesquelles tout le monde, si ce n'est un estourdy & insensé, craint & redoute: les autres qui sont en la puissance des hommes, sont entre elles differẽtes de grandeur, les unes plus grieues, & les autres moins. Les choses aussi qui donnent confiãce & hardiesse, sont pareillemẽt differentes. L'homme fort donques, ia soit ce qu'en telles choses il soit uuide de peur, & autant que la nature de l'homme le peult porter: toutesfois il les craindra, comme le decent & la raison le requiert, à cause de l'hõnesteté: car celle est la fin de la uertu: mais faire se peult que lõ craingne telles choses, ou plus, ou moins: & les choses aussi qu'on ne doit, cõme celles qui sont terribles, & à craindre. De la dõc procede la faulte & l'erreur: l'une d'auoir peur de ce qu'on ne doit craindre: l'autre de le craindre en telle façon qu'on ne doit: l'autre en tel temps, & quãd il n'appartiẽt, & ainsi des semblables. Telle est aussi la raison des choses qui nous dõnẽt hardiesse & asseurance: au moyen de quoy celuy qui endure, redoute, & auze les choses qui meritent d'estre endurees, craintes & entreprises pour telles causes & fins qu'il appartiẽt, en telle sorte qu'il fault, est uraymẽt fort: car selon l'hõneur & dignité des choses, en tẽps

La difference des choses terribles, & les extremitez, entre lesquelles cõsiste & se congnoist la force.

& occasion requise, & comme la raison le ueult & commande, l'hõme uaillãt & fort endure, & entreprend toutes choses : & de tout deuoir & action la fin est cela, qui conuiét auec l'habitude: mais à l'hõme fort la force conuient, & est honneste: telle fin dõques luy est proposee, ueu que chacune chose est par quelque fin determinee: par quoy il fault cõclure que l'hõme fort seuffre, & fait toutes choses dignes de la force pour l'amour de l'honnesteté. Des extremitez celuy qui excedant cõfiance, est inepouuẽtable, & sans peur de chose quelconque, n'a point de nom (nous auons dict aussi par cy deuãt, que plusieurs estoyent encores à nõmer) soit que nous l'appelliõs furieux: ouy, si de rien il n'a horreur ne crainte: ny des tremblemẽs de terre, ny des flots bouillõgnans des mers plus courroucees: de quel couraige, furie & asseurãce, on dit que sont les Francoys. Celuy qui trop se confie es choses dangereuses & terribles, s'appelle temeraire, & plain d'audace: & certes un tel hõme semble estre arrogãt, & cõtrefaire du uaillant & du fort: car tel que le fort se porte & gouuerne es choses epouuẽtables, cestuy cy tel desire d'estre ueu & paroistre: & pour ce le ua il imitant en icelles choses, tant qu'il luy est possible: au moyẽ de quoy il aduient que plusieurs de telles gens sont hardycouards: car usans de brauades, & d'audace en icelles choses n'attẽdent iamais, ny soustiénẽt l'horreur, & cõble des dãgiers. Celuy qui est excessif en crainte & timidité, s'appelle timide & poureux, car il a

L'inepouuẽtable.

La trop grãd hardiesse des Francois.

Le temeraire.

Les hardycouards.

Le timide.

il a peur des choses qui ne sont à craindre, & de telle sorte qu'il n'est besoin: & toutes autres uicieuses cir constâces luy sont adherâtes, ayant faulte d'asseurâce, & de hardiesse: mais par ce qu'il excede le moyẽ es douleurs & facheries, il est en elles plus apparẽt & plus aizé à estre découuert & congnu. Le timide est desesperât, à cause q̃ toutes choses luy sõt peur: le fort tout le cõtraire, car l'asseurâce & confiance sont des bien esperâs. En telles choses dõc les timides, temeraires, & forts, font preuue de soy: mais ils s'y portẽt tous en diuerses façons: car ces deux excedâs & defaillâs oultrepassẽt quelquesfois, ou n'arriuent au moyen: & cestuy cy demeure au meilieu, sçachât user du moyẽ, cõme il est de raison. Les temeraires, oultrecuidez, & bouillants d'ardeur de se precipiter & perdre es dangiers auât qu'ils soyẽt arriuez, quand ils y sont, tournẽt le doz, & s'enfuyent: les forts tout au cõtraire sont auant le besoin paisibles, & sans bruit: quâd ce uient à l'affaire, prõpts, furieux & uaillants. Parquoy ainsi que desia i'ay dit, force est un moyen & mediocrité entre les choses, dont les unes donnẽt asseurâce & fiance, les autres horreur & crainte, es exemptez, & cas par nous déduits & amenez: & d'auâtaige que par elle on prepose & supporte choses si terribles & dangereuses pour l'amour de l'honnesteté, ou par ce que uil & lasche seroit de ne les tolerer & suyure: mais pour fuir ou paumreté, ou l'amour, ou quelque facherie, s'occire soymesme, n'est point acte d'hõme fort, plus

S'occire soy mesme est acte de timide.

tost de timide ou poureux : car c'est à un couraige uain & effeminé de fuyr les choses laborieuses & penibles : & uouloir mourir, non pas qu'alors le mourir soit hõneste ny braue, mais pour euiter & se sauuer d'un mal. Voyla donc que c'est que de force. Il y a cinq autres especes de force, desquelles la ciuile pour approcher plus pres de la uraye, est la premiere : à raison que les gens de uille & citoyẽs s'enhardissent à soustenir les dangiers, tant par les peines & opprobres, que par les honneurs & graces, qui sont des loys ordonnees : & pour ceste cause, entre ceux ou les forts sont honorez & estimez, les timides & lasches desprisez, il se trouue plusieurs uaillãs & braues hõmes. Tels Homere en faint plusieurs, comme Diomedes & Hector.

Cinq sortes de force non uraye.

Les citoyẽs.

» Polydamas le premier, me repreigne
» De lascheté -.
& Diomedes,
» Hector, l'horreur des couards,
» Entre les Troyens dira:
» Tytides fuyans mes darts,
» Dans les nauz se retira.

Ce uers est pris d'Homere en son 22 de l'Iliade, ou Hector attendant Achilles, qui lors le tua, parle ainsi.

Ces uers sont d'Homere au 8 de l'Iliade, ou Diomedes fils de Tidee respõd à Nestor, qui luy suadoit, par ce que Iupiter d'un esclat de foudre auoit donné sur ses cheuaux, de se retirer.

Ceste espece de force resẽble beaucoup à celle d'ont auons parlé: par ce que de uertu elle prend son origine : c'est à sçauoir d'une certaine honte, & puis d'un desir & enuie de l'honnesteté : dont l'un est la fuite de reproche, & l'autre de l'honneur. On pourroit aussi soubs telle espece de force, enumerer ceux qui cõtraincts par le commandement

mandement des magiſtrats, ayans ceſte puiſſance & auctorité, font actes de uaillantie & force: mais ils ſont moins que les autres à priſer, d'autant qu'ils y ſont induits, non pas de honte, ains de peur, & fuyants la fatigue à eux facheuſe, non l'ignominie & reproche: car les ſeigneurs & princes les y contraignent quelquefois, comme Hector:

Celuy que lon congnoiſtra
Hors reng fuyr les batailles:
Chiens, & corbeaux repaiſtra
De ſes couardes entrailles.

Ce ſont les mots de Hector parlant aux Troyes apres la fuite des Grecz, au 15 liure de l'Iliade d'Homere. mais les uers ſont autrement que Ariſtote icy ne les allegue.

Autant en font les ſergeans maieurs & collonels, qui frappent ſur les ſouldats qui ſe recullent: & ceux qui deuant les murailles ſur l'eſcarpe du foſſé rangent leurs hommes pour les mener à l'aſſault: car alors eux tous contraignent leurs gens de faire le deuoir: mais il fault eſtre uaillãt & fort, non pas par contrainte, ains par ce qu'il eſt honneſte & excellent. Il ſemble auſſi, que l'experience en chacune des choſes particulieres, ſoit une autre eſpece de force: & de là Socrates penſa que force fuſt une ſcience. de tel uſaige & experience les uns ſont forts en une choſe, & les autres en un autre: es faits de la guerre, les ſouldats: car il ſuruient es guerres pluſieurs uaines nouuelles & terreurs, que les ſouldats aguerriz & pratiques entendent ſur tous autres, & uoyẽt à l'œil: tant que pour ceſte cauſe ils ſemblent eſtre plus uaillans & forts: à cauſe que les autres, cõme eux, ne congnoiſſent que telles choſes

La 2 eſpece.

Les Souldats.

De là eſt uenu l'ãciẽ prouerbe πολλὰ κενὰ, ou καινὰ τοῦ πολέμου. uoy les Millenaires d'Eraſme.

uallēt:dauātaige il leur est fort aizé de ne souffrir un tort, d'euiter tous dangiers, de nuyre & faire toutes autres choses, se sauuer des coups, frapper & ferir les autres pour la grand pratique qu'ils ont au mestier de la guerre, & par ce qu'ils se sçauent fort bien aider des armes: brief ils sōt fourniz de toutes choses qui sont suffisantes à offenser & endommaiger, & pour se garder & defendre: au moyen de quoy ils se batent cōme armez entre gēs nuds, & cōme braues & experts cambatans, cōtre bisougnes, & ceux qui onques n'entrerēt en estacade: ueu qu'en telles preuues & exercices, les plus forts & magnanimes ne sont les mieux cōbatans, ou maniās les armes: mais ceux qui sōt robustes, mēbruz, & de corps plus dispos. Ces souldats de compaignie toutesfois, si tost qu'ils se sentēt affoiblis de nōbre, de munitions, d'equipaige & d'attiraige, s'accouardissent & s'epouuētēt de peur: tellemēt qu'alors ils tournēt uisaige les premiers, & se mettēt en fuite. Mais les citoyēs plus genereux soustenās le choq, meurēt brauement sur les rēgs, cōme il aduint en Hermee, lieu de Corone uille de la Bœotie : car la fuite leur estoit reprochable & uillaine: & telle mort plus tost à choisir, q̃ uillain salut: les autres au cōmencemēt de la mélee se precipitoyent es dangiers, cōme s'ilz eussent esté les plus uaillans & superieurs: mais quand ils ueirēt le fort du dāgier, ils s'en fuirent, craignās plus la mort que le deshonneur. Et certe l'hōme fort n'est point de telle façon. Aucuns aussi ont fait de l'ire une tierce

Les plus magnanimes ne sont pas les mieux combatans.

Souldats de cōpaignie: les Latins les appelloyēt gregarios, & pour ce ayie adiouté de compaignie, par ce qu'au iourd'huy ce nom de souldat est de grand'reputation, & se donne par louenge aux princes & seigneurs desquels icy l'Aristote n'entēd de parler.

tierce espece de force: à cause qu'ilz sembloyẽt estre uaillans & forts, quand eschaufez, cõme bestes sauuaiges, ilz s'attachent à ceux qui les ont blessez: par ce que les forts ont de coustume d'estre animez & ireux. Car l'ire est un prompt aiguillon, pour faire entrer aux dangiers, comme il est en Homere: *La.3. espece.* *L'ire est quelque signe de force.*

» L'ire & fureur, les forces luy donna.

& en un autre endroit:

» L'ire luy peult exciter le couraige.

& en un autre:

» L'ire escumante, aux naseaux luy fumoit.

& en cest autre:

» D'ire le sang dans le cueur bouillonnoit.

car toutes telles choses semblẽt denoter une incitation, & impetuosité de couraige. Mais les forts pour l'hõnesteté executẽt leurs entreprises, & l'ire les aide en telles actiõs: les bestes tout autremẽt, esmeuës de douleur & raige: c'est à sçauoir si elles ont esté blessees, ou si elles ont peur de l'estre: car es forests & marescaiges, dans leurs forts & demeures: si elles ne sont aggressees, ne sortẽt pour aucũ assaillir. Tou tesfois, pour se precipiter par douleur & furie aux dãgiers, n'ayãt rien des maux si horribles preueu ny cõsideré, on ne fait actes ny preuues de la force: car en telle sorte les asnes seroyẽt braues & forts, q̃ affamez, pour coups de bastõnade, ne laissent de brouter es pastiz & herbaiges. Voire & les adulteres animez de l'amour & couuoitise, font actes de grand' hardiesse, & entreprise. Parquoy quand la douleur *Les asnes.*

ou l'ire nous a conduit au peril, nous ne faisons ouuraiges ny preuues de la force: toutesfois celle qui procede de l'ire, semble approcher fort pres de la uraye nature: & si elle prend auec soy & use de iugement & consideration, preuoyãt à quelle fin doit tendre l'entreprise, semble pour ce pouuoir obtenir le nom de la uraye force. Et les hõmes se courrouçans, & colerez, sentent douleur: se uengeans, ioye. à raison de quoy, telles gẽs qui sont incitez par choses ainsi faictes, sont aguerriz & belliqueux, non pas forts: car animez d'affections & perturbez, sans suyure la raison qui est requise, ilz conduisent leurs

La.4. espece. actions & entreprises. Ceux aussi qui sont de grãde & bõne esperance, resemblent beaucoup aux forts: pour telle esperance toutesfois, se perillans es dangiers ils ne le sont: ueu que pour auoir souuent & plusieurs hommes uaincuz, ils sont plus hardis & asseurez es dangiers. De ceste hardiesse & confiance, ils sont aux forts resemblans: par ce que tous deux sont asseurez: mais les forts sont asseurez & hardis pour les causes que i'ay dictes: ceux cy pour s'esperer beaucoup plus puissans, & superieurs, & de ne deuoir encourir dommaige, ny rien souffrir.

Les yurõgnes Autant en font les yurõgnes, qui enyurez ont tousiours bonne esperance: mais si tost qu'ils apperçoyuent, qu'il aduient contre leur esperance, ils s'enfuyẽt & retirent. mais au fort il affiert de supporter & souffrir les choses qui sont terribles aux hõmes, & qui telles semblent & se presentẽt: par ce qu'il est honneste honnesté & hõnorable d'ainsi faire:uil & lasche le contraire. Brief, c'est une plus grand' preuue de force & grandeur de couraige, es subites terreurs & esclãdres estre sans peur & inespouuété, qu'ẽ celles qu'õ a preueues: par ce qu'en tels endroicts, on descouure mieux l'habitude & l'accoustumance qu'on a en telles choses, d'ou procede ceste asseurance, & aussi qu'il y a moins de preparatiõ: car es choses preueuës, quelcun peult par raison & discours les approuuer, & suyure: mais es subites & recentes se porter uaillãmẽt, est signe de l'habitude uertueuse. Ceux aussi qui sont ignorans, & ne sçauẽt que c'est que de dangier, semblent estre des forts: & ne sont gueres elongnez des bien esperans, sinon d'autant qu'ils sont pires qu'eux: par ce qu'ils n'ont en eux dignité, hõneur, ny cõgnoissance: & les autres tout au contraire, s'estiment dignes & congnoissans, au moyen de quoy ils persistẽt quelque temps es dangiers: mais ceux cy trompez & deceuz, incontinẽt qu'ils s'apperçoyuent que c'est autre chose que ce qu'ils soubçonnoyent, fuyent: ainsi qu'il aduint à ceux d'Argos, qui pensans donner dedans ceux de Sicyon, tomberent entre les Lacedemoniẽs. Maintenant donq nous auons demonstré qui sont ceux qui uraymẽt sont forts, & ceux qui semblent l'estre. Encores que la force consiste & s'exerce es choses desquelles la confiance nous fait hardis entrepreneurs, & es terribles: si est ce toutesfois, qu'egallemẽt elle ne s'exerce en tous deux, ains plus en cel-

La. 5. espece.

Les proprietez de la force.

les,qui ſont à craindre : car celuy qui en telles choſes ne ſe trouble,ny rend de peur,& ſ'y porte & gouuerne en telle ſorte qu'il fault, eſt plus fort & uaillant,que celuy qui ſe monſtre tel es choſes deſquelles la confiance le rend aſſeuré:ueu que par ce(comme il a eſté cy d'auāt dict)qu'ilz attendēt, & portēt d'un couraige fort & immuable les choſes facheuſes & grieues, ils ſont forts appellez. Et pource la force ſemble eſtre touſiours accompaignee de douleur & triſteſſe, & à bon droict louee & priſee: car il eſt plus difficile de tolerer & ſouffrir les choſes pleines de douleur,peril, & facherie,que de ſ'abſtenir de celles, dont procede plaiſir,& ioye. Certes nonobſtant,la fin de la force ſemble reluyre de plaiſir, & de ioye. Mais,comme il aduient es ieux & exercices du corps dicts gymnaſtiques,ell'eſt des douleurs,& grieues moleſties qui l'enuironnent & aſſiegent, adumbree & obſcurcie. car comme à ceux qui ſe iouent & combatent à coups de poing(comme à la rape) la fin eſt plaiſante & agreable, par ce que le uainqueur en attent la couronne, & d'autres honneurs:mais eſtre frappé & choqué de coups & meutriſſeures,comme à ceux qui ſont de chair & corporels,auec les autres peines & couruees qu'ilz y endurent, leurs ſont choſes douloureuſes & grieues: uoire telles & en ſi grand nombre, que (parce que l'honneur & les recompenſes pour leſquelles ils les ſeuffrent ſont ſi petites)la fin n'en ſemble eſtre plaiſante, ny ioyeuſe : ne plus ne moins en la force:les

Elle ſ'appeloit le tēps paſſé pyctique, & ceux qui y cōbatoyent Pyctes: bien que quelquefois on appelaſt ainſi toutes ſortes de cōbatans : au iourdhuy en quelques lieux de Prouence als ſ'exercent à telz combatz & l'appellēt le ieu de la rape.

ferites

ferites & plaies,& la mort, ſont aux uaillãs & forts (ueuillẽt ou nom)grieues:toutesfois ils les endurẽt & portent magnanimement,pour ce qu'il eſt honneſte de les ſouffrir,uil & laſche le cõtraire.Et d'autant qu'un tel homme a en ſoy le comble de toute uertu,& qu'il eſt plus heureux, d'autãt luy ſera plus deſplaiſant & facheux le mourir: car luy qui eſtoit digne de longue uie, ſe uoit,bien le ſçachant & con gnoiſſant,priuer de ſi grans & excellens biens. cela donc luy eſt fort facheux, & ſ'en deſplaiſt, toutesfois il n'en eſt en rien moins fort, ains plus toſt dauantaige, d'autant qu'il a eleu par ſur tels biens, & commoditez,l'honneur,la gloire,& reputation qui ſ'acquiert en la guerre: parquoy en toutes les actiõs uertueuſes,le plaiſir & la ioye ny ſont,ſinõ qu'alors qu'on eſt paruenu à la fin. Tels ſouldatz toutesfois ne laiſſent d'eſtre martiaux,belliqueux & puiſſans: mais ceux le ſont dauantaige, qui ſont moins forts & uaillãs, & dénuez de toutes autres uertus & biẽs: par ce que telles gens ſont prompts & preſts à ſ'expoſer à tous perilz & dangiers, & ayãs la uie uenale,la changent à petits gaings & recompenſes.Ainſi nous auons iuſques icy ſuffiſamment diſcouru de la force,tellemẽt qu'il eſt aizé par les choſes qu'auõs dictes,de colliger & entendre paſſablemẽt & ſommairement que c'eſt,& quelle ell'eſt. Apres la force il ſ'enſuit que nous parlions de la temperance: par ce qu'elles ſont toutes deux des parties de l'eſprit, leſquelles n'ont point de raiſon. Nous auons deſia

Le mourir eſt facheux à l'homme fort.

Les ſouldatz moins uertueux meilleurs pour le combat.

Des choſes qui appartiẽnent à la temperance.

dict,que la temperance est un moyen & mediocrité entre les uoluptez: car elle s'employe & exerce moins es douleurs, qu'es uoluptez, uoire & d'une autre sorte es douleurs & facheries, qu'es uoluptez. Es mesmes choses aussi consiste l'intéperãce. Maintenant determinons en quelles uoluptez & plaisirs la temperance est congneuë. Les plaisirs sont ou de l'esprit,ou corporels: comme ambition, & desir de sçauoir:car tous les deux tãt l'ambitieux,que le desirant science,se delectent de ce qu'ils aiment & desirent,sans aucune affection ou cupidité du corps, mais plus tost de la pensee. Telles gés, & uniuersellement tous ceux qui sont affectez & se delectent es choses qui n'appartiennent au corps, ne sont appellez ny temperans,ne intemperans: car nous n'appellons ceux qui prennẽt plaisir aux fables & nouuelles,& à faire des comptes, & narrer des Romãs, & qui uont en choses friuoles & legieres, les iours entiers perdans & consommans,intemperans, ains gozzeurs & babillars: ny ceux qui s'affligent & cõtristent pour l'argẽt,ou pour leurs amis. Parquoy il fault que la temperance soit es plaisirs & uoluptez du corps, non pas toutesfois en toutes: ueu que ceux qui se delectent des choses qui se presentent à la ueuë, comme des couleurs, des figures,& painctures, ne se peuuent ny temperans, ny intemperans appeller: encores qu'il puisse estre qu'ilz s'en delectent moyennement comme il fault, ou plus, ou moins. Le semblable se peult dire des choses qui appartiennent

Plaisirs sont spirituelz ou corporelz.

Les gozzeurs & plaisanteurs.

La ueue.

appartiennent à l'ouye: car nul ne dira que celuy qui prend trop grand plaisir en la musique & chansons, ou aux battelleries & farceries, soit intemperant: ne celuy qui s'en delecte moyennemẽt, temperant: comme ny ceux qui aux odeurs mettent leur plaisir, si ce n'est pour quelque accident: car nous ne nommons ceux qui se delectent d'odeurs de pommes, roses, ou parfums intemperans: ains plus tost ceux qui se delicient de l'odeur des unguẽts, & des uiandes: à cause que les intemperans s'en resiouyssent aussi, par ce que les delices de telles choses les auisent, & leur remettent en memoire leurs uoluptez & plaisirs: il s'en uoit pareillement plusieurs, lesquels en leur grand faim prennent grand suauité & plaisir en l'odeur des uiandes. mais mettre son plaisir en telles choses est acte de gens intemperans: par ce qu'en telles delices & luxures, consistent leurs desirs. Nul des autres animaux ne reçoit plaisir par tels sens, si ce n'est par accident. Car les chiens n'abayent apres les lieures pour l'odeur, de laquelle ils ne se delectent, ains pour le repas, encores que par l'odeur ils ayent le sens esmeu, & incité: ny le lion du cry du bœuf, mais de le manger, sinõ qu'il s'apperçoit au cry, que son carnaige s'approche: & pour ce est il aize & resiouy: semblablement il n'aura pas ioye, uoyant ou rencontrant un cerf, ou un dain, ains par ce qu'il aura q̃ deuorer & carnaiger. La temperance dõques & l'intẽperãce cõsistẽt es uoluptez, qui sont pareillemẽt cõmunes

L'ouye. *La musique.* *Les odeurs.* *Les unguẽtz.* *L'odeur des uiandes.*

au reſte des autres animaux : d'ou uient que telles uoluptez ſemblent eſtre uraymẽt ſeruiles, abiectes, & beſtiales: comme ſont celles du gouſt, & de l'attouchement. Il eſt uray quant au gouſt que rien, ou bien peu, les intemperans & luxurieux ne ſ'en delectent ny uſent: car le gouſt appartient au iugement des ſaueurs, du quel uſent ceux, qui eſſayẽt les uins, & aſſaiſonnent les uiandes: mais peu, ou nullement, les intemperans ne ſe delectent de telles choſes, ains du plaiſir, qui ſe ſent au toucher, lequel eſt tout es choſes que lon mange, que lon boit, & en celles qu'on appelle ueneriennes. Pour ceſte cauſe un certain friant & glouton nommé Philoxene Erixien ſouhaittoit d'auoir le col & le gozier plus long que celuy d'une gruë: à fin qu'il ſentiſt par ſi long attouchement, plus grand plaiſir au boire. Certes entre tous les ſens, l'attouchement eſt le plus commun, & moyennant lequel ſe commet l'intemperance: tellement qu'elle ſemble à bon droict eſtre digne de grãd blaſme & uitupere, pource qu'elle eſt en nous, non pas entãt que ſommes hommes, ains animaux & charnels : parquoy ſe delecter de telle choſes, & aimer grandement telles luxures, eſt feroce & beſtial. Les plaiſirs des attouchemẽs libres toutesfois & honneſtes, ſont exceptez & exclus du nombre de ces uoluptez uicieuſes : comme ſont ceux leſquels en ſ'eſchauffant & maniant on prend es luttes & combats gymnaſtiques : car les attouchemens des intẽperãs & luxurieux, ne ſont pas en tout le corps, mais

Les uoluptez du gouſt & de l'attouchement.

Philoxene le friant.

C'eſt à ſcauoir par ce qu'en telz cõbatz on combatoit nud à nud.

mais en certaines parties. Entre les cupiditez les unes sont communes, les autres propres & adioinctes: comme celle du manger est naturelle & commune, car tout hôme à son besoin a appety, & desire les alimens secs, ou humides, & quelquefois tous les deux: & comme dit Homere, les garsons & ceux qui sont en la fleur de leur aage, desirēt les passetēps du lict: mais toutes personnes n'aymēt pas en leurs plaisirs, ou cecy, ou cela: ny n'appetent mesmes choses: tellemēt qu'il semble que le plaisir soit une chose nostre & propre, ia soit ce qu'il ait en soy ie ne sçay quoy de naturel: ueu qu'à d'aucuns quelques choses sont plaisantes & agreables, & que quelques unes plaisent à tous, & plus q̃ toutes autres. Et certes peu de gens pecchēt es cupiditez naturelles, si ce n'est en une chose, d'y estre trop excessifz: car de mã ger & boyre de toutes choses qui se presentent, & qu'on a tant qu'on en soit plain iusques à la gorge, c'est forcer & exceder de superfluité, le besoin de la nature: ueu que la cupidité naturelle n'est que de rẽ plir au besoin ce qui default: d'ou uiēt q̃ lon appelle les glouttons & pansarts ceux qui rẽplissent oultre mesure leur panse, & leur uẽtre: les gens seruiles & abiects sont uolũtiers addõnez à telles brifferies, & yurongneries. Mais es cupiditez propres & priuees plusieurs pecchēt, & en diuerses manieres: ueu que des choses dont ils sont amateurs, ils sont appellez & nommez: ou par ce qu'il prennēt plaisir des choses qu'il ne fault, ou qu'ils sont trop à quelques unes

Les differẽces des cupiditez.

Cõme par les Grecs les gouluz sont dicts ἀπὸ τοῦ γαστρὸς, qui signifie le uentre, γαστρίμαργοι, aussi en Francois Pansars, pour raison de leur grand panse.

affectez, ou de telle façon que le uulgaire, ou cõme il ne conuient, ou cõme il eſt diſconuenient: à uray dire les intemperans en toutes choſes, & de toutes façons excedent touſiours le moyen: car ils ſe delectent es choſes, eſquelles par ce qu'elles ſont deteſtables & odieuſes, il n'eſt licite d'y prendre plaiſir: & ſi en d'aucunes le plaiſir eſt permis, ils ſ'y portent oultre meſure, ou comme le populazze & uulgaire. Ainſi donc il eſt euident, que l'intemperance eſt un excez de ſuperflues uoluptez, & qu'elle eſt uitupera ble. Quant aux facheries & doleurs, la raiſon n'eſt pas ſemblable en la tẽperance, cõme en la force: car celuy qui les ſeuffre & endure, n'eſt pour ce dit tẽperant: ny celuy qui y eſt impatient, intemperant, ains celuy qui ſe deult & tourmente plus qu'il ne doit de ſe uoir eſlõgné, & ne iouyr de ces uoluptez eſt intemperãt: ueu que lors les uoluptez & plaiſirs ſont cauſes de ces triſteſſes & douleurs: tout au cõtraire, l'homme eſt temperant pour ne ſe facher de ſ'en uoir loing, ny de ſ'en abſtenir: mais l'intẽperãt deſire & cherche toutes uoluptez, ou pour le moins les plus delicieuſes: & tellement eſt manié & rauy d'elles, qu'il les eliſt & prepoſe à toutes autres choſes: dou uient qu'il ſe crucifie & deſplaiſt, quand il les perd, & n'en iouiſt, & quand il eſt pourchaſſant apres elles, il bruſle de ſes deſirs: ueu que toute cupi dité eſt accompaignee d'angoiſſe & facherie: car à la uerité il eſt inepte de dire que quelcũ ſe fachaſt, iouyſſant ſe ſes plaiſirs. Et bien peu ſe trouuent de ceux

L'imtemperance.

ceux qui ont en hayne les uoluptez & plaisirs, & qui moins qu'il n'appartient, s'en eiouyssent & delectẽt: car telle stupidité & faulte de sens ne tient aucunement de l'homme, si mesme le reste des autres animaux a une discretion des uiandes, s'eiouissant des unes, & des autres non : mais s'il en est aucun en ce monde, qui de rien ne prenne plaisir, & lequel cõme si tout luy estoit un, ne face cõpte de chose plus que d'un autre: celuy certes elongné & exillant de toute humanité, s'est despouillé de l'hõme, & de soy mesme : & pour ce qu'il n'en est gueres de tels, ils n'ont peu encores auoir de nom: mais le temperant garde en telles choses le moyẽ, & la mediocrité: car il ne se delecte des choses, esquelles l'intemperant met le plus de son plaisir, ains plus tost il s'en fache, & desdaigne: ny aucunement des choses, desquelles il n'est honeste de se delecter: & n'est d'aucunes telles uoluptez iamais espris ny saisy, ny de leur absence ne prend aucun tourmẽt, ny ne desire ou affecte rien, q̃ moderément, & s'il en desire aucune, ce n'est point plus qu'il fault, ne lors qu'il est indecẽt: brief, il n'est ardent, ny cupide d'aucunes telles choses: & quãt à celles uoluptez qui appartiennẽt à la bonne disposition du corps, & à la santé, il les desire moderément, & de telle façon qu'il appartiẽt: & pareillemẽt tous les autres plaisirs, qui ne les peuuẽt empescher : & qui ne surpassent, ny l'hõnesteté, ny la portee de ses biens: car qui en telles se porte d'autre affection, il aime & suit les uoluptez, plus q̃ sa dignité,

& qu'il n'eſt de raiſon:mais le temperant eſt en cela tout autre, & ſ'y gouuerne ſelõ la droitte raiſõ. L'intẽperance eſt plus uolũtaire q̃ la timidité, par ce que l'une ſe cõmet par la uolupté, & l'autre par la peur, dont l'une eſt à deſirer, & l'autre à fuir. d'auantaige la douleur deioinct, démoliſt & corrompt le naturel de celuy qui la ſeuffre:mais la uolupté a bien diuerſe puiſſãce & effect:car elle procede meſmemẽt de noſtre uolunté:au moyen de quoy elle en merite plus de uituperatiõ & blaſme:ueu qu'il eſt plus aizé de prendre une bõne couſtume quant aux plaiſirs, par ce qu'ils ſuruiẽnent ſouuẽt durant la uie, & que celle accouſtumãce eſt ſans dãgier : tout le cõtraire eſt es choſes dangereuſes, & qu'on doit craindre. Et la timidité ne ſemble eſtre ſi uoluntaire, q̃ ſes actiõs en chacune choſe particuliere: car ell' eſt ſans douleur, mais elles iettẽt l'homme par douleur hors de ſoymeſme, le forçant de quitter & ietter les armes, & de ſe tant oublier qu'il face tous autres actes laſches & failliz: à raiſon de quoy il ſemble que telles actiõs ſoyẽt uiolẽtes & forcees : à l'oppoſite les particulieres actions de l'intẽperant ſont uoluntaires, cõme de celuy, c'eſt à ſçauoir, qui ueult & conuoite: & l'intemperance en ſon uniuerſel & genre ne l'eſt pas tant, ueu que nul ne deſire d'eſtre intemperant. Nous uſons auſſi de ce mot intemperãce es faultes pueriles, & des petis enfãs: pour ce qu'ils ont quelque reſemblãce, & de rien il n'importe ſe l'un a dõné le nom à l'autre : il eſt certain que le dernier eſt pris

Quelle comparaiſon il y a entre les extremitez de la force, & de la tẽperance.

Les Grecs appellent intẽperãce ἀκολασία, & de ce meſme mot en ont fait un autre, ou elle de l'au-

pris de celuy qui l'a precedé: & certes non sans raison, a il esté ainsi trãsporté de l'un à l'autre : par ce qu'il est necessaire & besoin de chastier & reprimer tout ce qui est de uaines & uillaines luxures trop epris, & rauy : & qui de telz plaisirs en luy s'augmẽtans, se ua perdant & consumant : cõme sont principallement la cupidité, & les enfans: car en couuoities & cupiditez uiuent les enfans, & desirent toutes choses qui leur peuuent donner plaisir : tellemẽt que si telles cupiditez ne sont rendues obeissantes & subiectes à la raison qui commãde, elles & leurs affections yront grandement croissant: ueu que le desir de la uolupté est insatiable : uoire principallement en ceux qui de toutes parts assiegez de la cupidité, sont abandonnez de la raison & fouls: car la cupidité en executant ses entreprises, augmente tousiours les forces de ses prochaines & cõioinctes affections: lesquelles d'autant qu'elles sont plus grãdes & uehemẽtes, d'autant plus chassent elles & priuent la pensee de raison : parquoy c'est bien fait de les moyenner, & tenir petites, à fin qu'elles ne contrariẽt à raison: puis quãd elles sont ainsi refrenees, nous appellons tel appety obedient, bien chastié & moderé: car tout ainsi que l'enfant doit uiure selon les preceptes du pedagogue, ainsi ceste partie de cõcupiscẽce se doit rendre obeissante & disciple de la raison: au moyẽ de quoy il est de necessité, qu'en l'homme tẽperant ceste partie consente à la raison: car tant l'une partie que l'autre a pour sa fin & son

tre, qui est κεκολᾶσθαι, qui signifie chastier: duquel on use aux petis enfans.

Les enfans.

but l'hõnesteté:ueu que le têperant desire les choses qu'il doit, & en telle façon, & temps qu'il doit: parce qu'ainsi la raison pareillement l'ordonne. Voyla ce qui nous semble touchant la temperance.

Fin du troisieme liure.

LE QVATRIEME LIVRE DES ETHIQVES D'ARISTOTE Stagirite à son fils Nicomache.

De la liberalité.

PARLONS cy apres de la liberalité, qui semble estre un moyē en la despēse des biens: car le liberal reçoit louenge, non pas es choses belliqueuses, ny en celles esquelles le temperant, ny de rechief es iugemēs: ains au donner, & à l'accepter d'iceux biens, & plus au dõner. Nous appellons biens toutes les choses desquelles la ualeur se peult par mõnoye estimer. En la despēse d'iceux la prodigalité & l'auarice, sont les excez & les defaults: desquelles l'auarice est tousiours attribuee à ceux qui, plus qu'il n'est decēt, sont studieux & affectez à l'argent: mais nous reprochons la prodigalité, en la cõioingnant & confondant quelquesfois auec d'autres uices: car nous appellons les incontinēs, & ceux qui en intēperance sont excessifs despēsiers, prodigues: au moyen de quoy ils semblent estre tresmeschās, ueu qu'ils ont ensemble plusieurs uices: à proprement

Ce mot biēs, est fort general en Francois, cõme en Grec χρήματα

prement parler toutesfois,ils ne se doyuẽt ainsi nõmer:par ce q̃ le prodigue est celuy qui est uitié d'une certaine malice,c'est à sçauoir de cõsumer & dissiper tout son bien:car le perdu & prodigue est par luy mesme perissant:ueu que telle dissipation de ses biens,à l'aide desquels il uiuoit, semble estre cõme son trespas,& sa mort.Nous prenons donc la prodigalité en telle façon & signifiance:mais des choses, desquelles il est quelque usaige,on peult ou mal,ou bien user:les biẽs sont des choses d'ont lon peult tirer usaige & utilité:& celuy qui a la uertu propre à l'administration de chacune chose,sçait biẽ & parfaictemẽt user d'elles . celuy dõc en qui est la uertu requise au manimẽs des biẽs,sçaura user biẽ & parfaictemẽt d'iceux,quel est certes l'hõme liberal.Cest usaige des biẽs semble estre en la despẽse, & au dõner:car d'en prendre,& le cõtregarder, est plus une possessiõ qu'une usaige,à raison de quoy il appartiẽt plus au liberal de dõner à ceux qu'il cõuient, q̃ d'en prendre quãd il fault,ou de n'en prẽdre quãd il n'est tẽps: car il est plus propre à uertu de faire biẽ & plaisir,que d'ẽ receuoir:& de faire choses excellẽtes,q̃ de ne se souiller des uillaines: mais il n'est aucũ doute, q̃ du dõner s'en ensuyuẽt les bienfaicts & actiõs excellẽtes: & du prẽdre receuoir bien,& de ne cõmettre choses uiles ou impudẽtes . D'auãtaige on sçait meilleur gré à celuy qui donne, qu'à celuy qui ne prend, & il merite aussi plus de louẽge: & puis il est plus aize de ne prendre, que de donner: ueu qu'un

Les Grecz appellẽt le prodigue ἄσωτος, cõme homme perdu, & sãs salut, par ce qu'en consumant ses biẽs, il se consume luy mesme.

chacũ eſt moins uolũtaire à laiſſer aller le ſien, q'u à ne prendre de celuy d'un autre: uoire que liberal eſt appellé celuy qui donne: & ceux qui ne prennent, plus louez d'une iuſtice, que de liberalité: mais ceux qui prennent ne le ſont pas ſouuent, ny grandemẽt auſſi que de tous ceux en qui eſt la uertu, les liberaux ſont quaſi les plus aimez, pource qu'ils ſõt aux autres profitables: mais tel profit procede du dõner. En apres les actiõs de la uertu ſont hõneſtes & pour l'amour de l'hõneſteté: le liberal dõc dõnera par l'inſtinct d'une hõneſteté, & ſelõ droict & raiſon. car ce ſera à ceux qui le meriteront, en telle quantité qu'il faudra en tẽps requis, & gardant toutes & quantes choſes, deſquelles le don raiſonnable & iuſte doit eſtre accompaigné, & dõnant ioyeuſemẽt, ou pour le moins ſans aucune facherie: ueu que tout ce que uertu fabrique ioyeux & ſans facherie, eſt bien peu grief ne moleſte: mais celuy qui ne fait bien à ceux qu'il ne fault, ou qui eſt incité par autre cauſe que par hõneſteté, ne ſera appellé liberal, ains par quelque autre nom: ny celuy auſſi qui ſ'en uoudroit facher, puis qu'il propoſeroit les biens & l'argent aux excellentes actions: ce qui n'affiert à l'homme liberal: ny ne prendra le liberal d'ou il ne fault, ueu que telle maniere de prendre ne conuient à celuy qui n'eſtime ny les biens, ny l'argẽt, ny ne ſera un demãdeur, ueu que ce n'eſt l'office & deuoir de celuy qui ueult faire du bien, & du plaiſir aux autres, d'eſtre facile à receuoir plaiſirs & bienfaicts: mais il en

prendra

prendra d'ou il est raisonnable, comme de ses propres biens & possessions: non pas qu'en cela il y ait quelque honnesteté, mais par ce qu'il est necessaire, à fin, c'est à sçauoir qu'il ait que dõner: ny ne desprisera & contemnera ses biens, uoulant par eux auoir moyen de secourir autruy : ny ne donnera au premier uenu, à celle fin qu'il puisse donner à ceux qui en seront dignes, & quand il fauldra, & ou l'honnesteté le requerra : tant qu'il appartient grandement au liberal d'exceder en dons & presens, à fin qu'il s'en laisse tousiours moins : ueu que de ne regarder tant à soy, & à son profit, est propre d'un homme liberal. Il est uray que la liberalité se doit prendre, selon les facultez & puissances : car en la multitude & abondance des dons & presens, elle ne consiste: ains en la coustume uertueuse & habitude du donneur, laquelle se mesure selon les reuenuz, & les biens : d'ou uient que rien n'empesche que plus liberal ne soit celuy qui donne petites choses, s'il auoit moins de quoy donner. Et pour ceste cause, ceux entre tous autres semblent donner plus uoluntiers qui n'ont acquis leurs biens, mais qui les ont trouuez & pris d'autruy: car ils ne sçauent que cest que de besoin, & indigence : aussi que tout le monde porte plus d'affection à ses propres œuures: comme font les peres, & les poetes. Mais le liberal ne peult pas facillement enrichir : par ce qu'il n'est addonné à prendre, ny soigneux de contregarder le sien, ains plus tost le boutant uie, & n'estimãt les

Les poetes aimẽt leurs œuures cõme les peres leurs enfans.

richeſſes que pour les donner,non pour l'amour de ſoy,ny de ſon profit. Et pour cela fortune eſt elle accuſee & maudicte,que ceux qui en ſont les plus dignes,enrichiſſēt le moins: ce qui n'aduiēt ainſi ſans grand' raiſon: ueu qu'il n'eſt pas poſſible, que celuy ſe uoye opulent d'argēt, qui ne ſe ſoucie ne traueille d'en auoir:comme ny de toutes autres choſes. Le liberal toutesfois n'uſera de liberalité enuers ceux qui ne le meriterōt,ny ne donnera ce qu'il ne fault donner,ny n'obmettera toutes autres telles circonſtances requiſes: car il ne feroit pas ſelon la liberalité, & puis conſumant le ſien en telles choſes, il n'auroit puis apres de quoy dōner, ou il ſeroit honneſte & requis. Veu(comme il a eſté dict) que celuy eſt liberal,qui ſelon la portee de ſes biens donne, & deſpend,& en tels endroicts,qu'il eſt hōneſte & requis: mais celuy qui y eſt exceſſif, eſt prodigue. Et pour ce nous n'appellons les roys prodigues,à cauſe qu'il eſt malaizé qu'ils puiſſent en dons, preſens,ny deſpenſes exceder l'abondāce de leurs dommaines, & richeſſes. Veu dōq que la liberalité eſt un moyen & mediocrité,tant au donner, qu'au prēdre de l'argent: le liberal dōnera,& deſpendera es choſes qu'il faut,autant qu'il ſera decent,& ainſi es petites comme aux grandes donnant ioyeuſement: & prenant d'ou,& autant, qu'il eſt hōneſte de ce faire. Car puis que la uertu eſt une mediocrité au donner & au prendre, en tous deux il ſ'y portera & fera ſelon le deuoir. Veu qu'à l'honneſte & ſuffiſante façon de

donner

dõner, ſuit pareille façon de prẽdre: & pareille n'eſtant, eſt contraire & repugnante: celles donc qui ſont pareilles & ſ'entreſuyuent, ſe retrouuent enſemble en un meſme, les contraires nullement, ainſi qu'il eſt euident. Toutesfois ſi d'auenture il aduient au liberal, de deſpendre oultre le deuoir & l'honneſteté, il ſ'en fachera, mais ce ſera moderément & comme il doit: car la uertu ueult que lon ſe reſiouyſſe & fache des choſes qu'il fault, & de telle ſorte qu'il appartient. Le liberal auſſi, eſt quãd au maniment & trafiques de l'argent & des biens, fort accointable & maniable: tellement que par ce qu'il ne tient cõpte de biẽs ny d'argent, on luy peult faire tort & iniure: uoire plus marry & deſpit il eſt, de n'auoir deſpendu ce qu'il failloit, que faché d'auoir faict une deſpenſe mal à propos, & contre le deuoir: bien peu approuuãt la façon de faire de Simonides. Le prodigue tout à l'oppoſite pecche en ces choſes, comme celuy qui ne ſe reſiouyſt, ny fache de celles qu'il doit, ny comme il fault: ce qui ſera plus apparent à ceux qui iront oultre en la lecture de ce qui ſ'enſuit. Nous auons deſia dict qu'en deux choſes, tant au donner, qu'au prendre, la prodigalité, & l'auarice, ſont les excez & les deffaults: car nous comprenons les deſpenſes & ſumptuoſitez, ſoubz le donner: la prodigalité donq exceſſiue à ne prendre & au dõner, default au prendre. Mais l'auarice au dõner chiche & deffaillante, eſt au prendre exceſſiue, ſi ce n'eſt des choſes petites. Et pour ce

Simonides fut le premier poete lyrique entre les Grecz: qui, tant auaricieux il eſtoit, pour ſe mocquer de ceux, qui luy demãdoyent quelque choſe, les menoit chez luy, & leur montroit deux coffres: l'un plein des dons & preſens qui luy auoyent eſté faitz, l'autre tout uuyde, diſant que le uuyde eſtoit le coffre ou il tenoit enfermez les preſens, qu'il uouloit faire. uoy. Val. le grãd.

les entreprises & actions de la prodigalité ne peuuent augmenter : ueu qu'il n'est aizé que celuy qui ne prend aucunement, & de nulle endroict, puisse donner à tout le monde: car incontinent aux gens de basse qualité, manquent les reuenuz & les biens: qui certes semblent bien estre perdus, & prodigues. Encore que le prodigue soit tel, toutesfois il est assez meilleur & plus excellent que l'auaricieux, cõme celuy qui auec laps de temps & d'aage par la necessité & indigence estant guarisable, se peult reduire au meilieu & à la mediocrité : car il a les conditiõs du liberal, c'est à sçauoir de dõner, & de ne prendre: & bien qu'il ne face ny l'un, ny l'autre cõme il doit, ny selon raison, si toutesfois il s'y accoustume, ou qu'en quelque autre maniere il se puisse changer, il pourra certes estre liberal: par ce que lors il usera de liberalité enuers ceux qu'il fauldra, & ne prendra point dont il n'est decent. Au moyen de quoy l'hõme prodigue ne semble point estre en coustumes & façõs de faire malicieux: car d'oultrepasser le moyẽ à trop donner, & rien ne prendre, est acte non pas de mechant, ny d'homme non genereux, ains d'un inconsideré & fol. Ainsi celuy qui de telle sorte est prodigue, semble estre de beaucoup meilleur que l'auaricieux, tãt pour les raisons cy dessus alleguées, que par ce qu'il profite à plusieurs, & que l'illiberal n'est utile à personne, nõ pas à soymesme. Mais plusieurs entre les prodigues (ainsi qu'il a desia esté dit) prennent de ceux qu'il ne deuroyent, & en cest endroit

droit sont illiberaux : estans ainsi prompts & uolũtaires à prẽdre,pour le desir qu'ils ont de sumptueusement despendre, & de ne pouuoir aizément le faire. Tellement qu'à cause que soudain les biens & les rentes leur faillent & les abandonnent,ils sont contraints de s'en acquerir d'ailleurs : d'auantaige,par ce qu'ils ne se soucient aucunement de l'hõnesteté, sans aucun egard,ils prennent de tous coustez, pour l'ardeur qu'ils ont de dõner: mais d'ou ils en ayent,ny par quels moyens, en rien ne leur importe: & pource leurs dons & effusiõs ne sont point liberales : car elles ne sont hõnestes, ny faictes pour ceste mesme honnesteté, ny de telle maniere qu'il fault : ains quelquesfois ils enrichissẽt ceux qui meritẽt d'estre pauures, & aux bien moriginez ne font aucun biẽ, mais aux flatteurs, ou à ceux qui d'autre façon aydent leurs passetemps, luxures, & plaisirs: dont uient que plusieurs d'eux sont intemperans & luxurieux:car pour ce qu'ils sont grãds dõneurs, & dissipateurs de biens,ils sont despensiers en leurs luxures immoderees : & par ce qu'ils uiuent sans auoir respect à l'honnesteté,ils declinent & deuoyẽt es uoluptez & plaisirs. Le prodigue donc, deuenu incorrigible,trebuche en telles faultes,qui mettant soing & solicitude, pourroit se reduire au moyẽ, & paruenir à la mediocrité. Mais l'auarice est presque incurable : car il semble que la uieillesse, & toute faulte de pouuoir, face les gens moins liberaux: & que nature y ait rendu les hommes plus addõnez, *L'auarice.*

qu'à prodigalité: par ce que plusieurs ont l'affection plus grande à l'argent, qu'à dōner: & par ce moyen elle s'estend grandement, & s'en trouue de plusieurs sortes: ueu qu'il y a maintes manieres d'auarice. Car celle qui consiste en deux choses, tant en l'excez du prendre, qu'en la misere & chicheté de rien ne bailler, ne se trouue pas entiere ny cōble en toute personnes: ains quelquesfois elle est separee, par ce qu'aucuns sont au prendre excessifs, & aucuns defaillans au donner. Veu que tous ceux qui de tels noms, chiches, tenās, ingratz, gueppins & amasseurs sont appellez, defaillent au donner: & ne sont toutesfois couuoiteux de biens, ny ne ueullent rien prendre: & que partie d'eux le fait tant pour une certaine façō d'equité, que pour se guarātir des choses uillaines: & semble qu'aucuns, ou certes ils diēt que c'est pour ceste cause, contregardent le leur, à fin de ne tomber en necessité si grande, qu'ils soyēt contraints de faire quelques choses uiles & deshonnestes. de telle façon est un racledenier: lequel, & tous ceux qui sont de ceste trempe, a esté ainsi nōmé pour une excessiue chicheté de rien ne desbourcer, ny dōner à hōme quelcōque: de rechef partie

φειδωλοί, chiches: & ceux que l'autheur appelle γλισχροὺς ie les nōme tenans, taquins & ingratz, par ce que γλισχρὸς signifie proprement une terre tenante & ne rendant rien des grains qu'en elle on seme, comme infertile: & ceux que l'autheur dit κίμβικας, ie les appelle gueppins, amasseurs, & comme on dit communement, gens de difficile deserre: par ce (encor qu'à l'oppinion de Budé ils soyēt dictz κίμβικας ἀπὸ τοῦ χρυσίου κυβδήλου) si est ce que ie croy plus tost que ce soit ἀπὸ τῶν κιμβίκων, qui estoyent petites mouches le temps passé, nō pas telles que gueppes: mais pour ce que la raison du mot est en tous deux semblable.

L'autheur le nōme κυμινοπρίστης, qui estoit le tēps passé un uendeur d'une herbe fort de petite ualeur nommee κύμινον, auiourdhuy appellee des apothiquaires cumemy: & par ce que c'estoit une personne abiecte & uile qui se mesloit de telle marchādie (cōme ceux du iourdhuy qui uēdent les quinquailles & ce qu'ils trouuēt de uēdible es ruysseaux, & uoyries) les auaricieux furent des Grecz par metaphore appellez κυμινοπρίσται.

tie

tie s'en abstient, & ne prēd des biens d'autruy, pour une crainte comme estant difficile, que quelcun prenne des biens des autres, sans que les autres n'ayent des siens. ainsi donq il leur agree fort, & de ne prendre rien, & de rien ne donner. Il y en a d'autres qui sont au prendre excessifs, prenās toutes choses, & de toutes parts: cōme ceux qui font mestier de choses uiles; & les ruffiēs, & leurs semblables: & les usuriers & ceux qui donnēt petites choses, pour en remporter de grandes. Veu que telles gens prennent plus, & de ceux qu'ils ne doyuent: & qu'entre eux est ordinaire & commun un gain uil & deshonneste: car ils endurent tous pour le gain (uoire qui est bien petit) opprobres detestables, & deshōneurs. Car nous n'appellōs pas auaricieux ceux qui prennent & remportēt grās profits d'ou il n'est licite, & qui ne sont à prendre, cōme les tyrans, qui saccaigēt & razēt les uilles, pillēt les eglises, ains plustost meschans, cruels & iniustes. toutesfois les ioueurs & pippeurs de dets, les uoleurs, brigās & larrons, sont enumerez entre les auaricieux: car ils font gain par meschans & illicites moyēs: & tant les uns que les autres, pour l'amour du gain menent telles pratiques, & endurent opprobres & honte: ceux cy dangiers tresgrāds pour empoingier & uoler: les autres gaignans de leurs amis, ausquelz ils deuroyēt donner. Tous les deux donq, par ce qu'ils augmentent leurs richesses des biens, qu'iniustemēt ils rauissent sur autruy, font gain uilain & deshōneste. Parquoy

parce, c'est à sçauoir, qu'ilz font argēt de tout, uoir des raclemens des deniers, & de leurs ongles s'ils pouuoyent, cō me ce bō Euclio en Plaute.

toutes telles rapines ſont illiberales. Tellemẽt qu'à bon droict l'auarice eſt eſtimee cõtraire à la liberalité cõme celle qui eſt pire, & plus uicieuſe que la prodigalité, & en laquelle on pecche d'auantaige, qu'en ceſte prodigue effuſion deſſuſdicte. c'eſt donc aſſez dict de la liberalité, & de ſes uices contraires. Il ſ'enſuit q̃ diſcouriõs de la magnificẽce: ueu que c'eſt une uertu qui ſ'exerce au manimẽt des biẽs: elle ne ſ'eſtẽd toutesfois en toutes actiõs & trafiques de deniers, cõme la liberalité: ains ſeullemẽt es ſumptueuſes, eſquelles de grãdeur elle la ſurmõte. Car cõme ſon nõ meſme le deſigne & ſignifie, c'eſt une magnifique deſpẽſe, apte & decẽte. mais ceſte grãdeur eſt meſuree & referee ſelõ quelque choſe: ueu que pareille deſpenſe n'eſt eſtimee digne d'un general de galeres, & d'un maiſtre entrepreneur des ieux & ſpectacles: ains fault qu'elle cõuienne & ſe face ſelon la perſonne qui deſpẽd, le temps, l'occaſion, & les choſes eſquelles elle ſe fait. Car qui deſpend es choſes petites ou mediocres, ſelõ leur dignité, n'eſt pas appellé magnifique, comme celuy qui diſoit,

» I'ay bien ſouuent donné à l'eſtrangier:

ains qui eſt ſumptueux & deſpẽd es choſes grãdes: car qui eſt magnifique eſt liberal, & qui eſt liberal, n'eſt pas pour rien d'auãtaige magnifique. De telle habitude le default ſ'appelle chichelargeſſe, l'excez ſotte & inepte magnificẽce, & auſſi toutes celles qui ne ſont excellentes en ſumptuoſitez & deſpenſes es choſes qu'il eſt hõneſte: ains qui en celles qui ne le meritent

De la magnificence.

Les Grecz l'appellent μεγαλοπρέπεια. Cõme qui diroit grãdeſſe conuenante & meſuree ſelon toutes choſes.

L'autheur dit τριήραρχος, qui eſt le capitaine d'une Trireme: mais par ce que c'eſtoit le plus grand eſtat qui fuſt entre les charges de la marine, et qu'au iourdhuy, nõ pas Bayf luy meſme cõme il cõfeſſe, nul n'entend que c'eſtoit aux anciens que ceſte facon de Trireme: i'ay mis general de galeres, pour correſpõdre à la dignité ſeullemẽt.

meritent,& d'une sotte façon cherchent à se magnifier & ostenter, desquelles parlerons cy apres. Mais le magnifique resemble à l'homme auizé & saige:car il peult considerer ce qui est decẽt en chacune chose, & estre d'une bonne grace es grandes choses sumptueux. Car comme nous auons dict au commencement,l'habitude est diffinie & terminee par les actions,& par les choses d'ont ell'est habitude. Puis donc que les despenses du magnifique sont sumptueuses,grandes & faictes à propos,tels certes sont aussi ses faicts & ses œuures:car la despense sera en ceste maniere sumptueuse & cõueniente aux choses pour lesquelles elle se fait,si elles sont dignes de telles sumptuositez,& si les sumptuositez le sont d'elle,uoire si les oultrepassent & surmõtẽt. Aussi q̃ le magnifique fera telles magnificẽce (car en toutes uertuz cela est de cõmun) pour l'amour de l'hõnesteté,auec ioye & grãde largesse:car de si diligẽmẽt menaiger, appartiẽt à un hõme de peu, & qui n'aime à se mõstrer honorable,à raison de quoy il cõsiderera plus tost,par quel moyen les choses seroyent excellẽtes,decẽtes & honnestes, que combien elles cousteroyent,ny cõme elles pourroyent moins couster:tant qu'il est necessaire,q̃ le magnifique soit liberal:ueu que le liberal despend ce qui est requis, & de telle façõ qu'il fault:en quoy ce qui est de grãd, appartiẽt au magnifique,comme estant magnificẽce,en telle despẽse, la grandeur de la liberalité:uoire que d'egale despense, il rẽdra ses ouuraiges plus

En cest endroict il a mis ἀρετὴν pour la ualeur, non pas ainsi que plusieurs doctes ont pẽsé pour uertu.

magnifique : car force & ualeur n'est pas semblable de la possession & de l'œuure: ueu que des choses que nous possedons, selon que les unes sont de plus grãde ualeur, ainsi sont elles plus honorees, cõme l'or: mais les actes & les œuures, d'autant qu'ils sont grands & excellens, pour ce que de tels actes la contẽplation est admirable. Mais ce qui est magnifique, est merueilleux & digne d'admiration : & la magnificẽce de l'acte, & de l'ouuraige est en la grãdeur. Les despẽses & sumptuositez qui sont à faire, sont celles que nous appellons honorables: de quelle sorte sõt celles q̃ lon fait pour honorer les dieux, dons & offrandes, uases, ceremonies, & sacrifices. Semblablement & celles qui se font pour tous les hõmes heroiques & sanctifiez: & toutes celles que la republique desire estre faictes à son hõneur & sa gloire: comme s'il fust bon de faire quelque part en grãd' appareil des ieux & spectacles publiques: ou en la reception & creation d'un general de galeres: ou en un past, & festiuité publique. Mais en toutes ces magnificences (ainsi qu'il est desia dict) il fault non seulemẽt rapporter tout, & le mesurer à la personne de celuy qui les fait, uoire aussi à ses biens: car ilz doyuent estre dignes & suffisans pour telles choses: & fault que non seullemẽt le tout conuienne au fait, ains aussi à la qualité de la personne qui telles choses fait. Et pour ce le pauure ne sera magnifique, comme celuy qui n'a de quoy despẽdre honorablement: & s'il entreprend de l'estre, par ce qu'il

Le pauure ne peult estre magnifique.

sera

sera les choses contre leur dignité, il est un inconsideré & fol: car uertu desire que lon ne face rien que biẽ, & à droict: mais il cõuiẽt d'estre magnifiques à ceux entre lesquelz les magnificẽces sõt receuës de lõgue main, ou faictes par eux mesmes, ou par leurs ancestres, ou par leurs proches parens & alliez: & à ceux aussi qui sont de noble race, ou à ceux qui sont illustres & renommez, & les autres qui sont de telle qualité, par ce que tous ceux la ont en eux grandeur & dignité. Le magnifique donc est tel: & en telles sumptuositez, comme i'ay dit, s'exerce principallement la magnificẽce, ueu qu'elles sont tresgrandes & treshõnorables: mais aussi en toutes celles des despenses priuees, qui fault unefois faire, cõme nopces, & si rien est de telle sorte: & en celles ausquelles toute la uille s'estudie, & est addõnee: ou celles que font ceux qui sont en dignité. Aussi touchãt le traictement & reception des personnes de loing & estrangieres, leur depart, & cõuoy, les presens, & les remunerations: ueu que le magnifique n'est point sumptueux en despense pour luy mesme, ains pour l'honneur du public: & que les dons & presens ont quelque resemblance aux oblations qu'on fait aux dieux. Il affiert aussi au magnifique de bastir une maison (car la maison apporte quelque ornemẽt & splendeur) accõmodee & correspondente à ses richesses, & de faire plus tost despense en celles choses, qui sont entre tous œuures les plus durables: car celles sont sur toutes excellentes & belles, & de garder en chacune ce qui luy appartient: ueu que ſemblables choſes ne conuiennẽt aux dieux qu'aux hommes, ny aux tẽples qu'aux ſepulchres. Et pour ce qu'entre les ſumptuoſitez, la grandeur de chacune eſt eſtimee ſelon ſon eſpece: celle eſt tresmagnifique qui eſt grãd en une grand choſe: & apres celle là, celle qui ſe fait es choſes qu'auons dictes eſt grãde. Mais il y a differẽce entre la grandeur de la choſe, & la grãdeur de la deſpenſe: car un ballon & une lampe ſ'ils ſont tresbeaux, ont magnificence pour un don puerile: leur eſtimatiõs toutesfois & ualeur eſt de petit pris & nõ liberal. & pour ce c'eſt au magnifique en quelconque eſpece de choſe que rien il face, de faire tout ſumptueuſement & magnifiquement: car tout ce qui ſe fait de telle façõ, ne ſe peult bonnement ſurpaſſer ny uaincre: & ſe porte ſelõ la dignité de la deſpẽſe. Le magnifique dõc eſt de telle cõdition: mais le prodigue exceſſif & inepte oultrepaſſe le moyen: par ce qu'ainſi qu'il a eſté dict, il cõſume & deſpend contre le deuoir: ueu qu'es choſes qui requierẽt petites deſpẽſes, il deſpend un mõde, & de mauuaiſe grace affecte une oſtẽtatiõ & uaine magnificẽce: cõme celuy q pour bãqueter auec ſes cõpaignõs, leur fait un feſtin nuptial: & qui eſtãt entrepreneur & maiſtre des ieux comiques, au paſſer des ioueurs, tapiſſe tout de pourpre, ainſi que font les Magarenſiens:

Le prodigue.

Nõ ſans raiſon il taxe d'uſer de feſtin nuptial à traitter ſes amis: car le temps paßé il y auoit trois ſortes de bãquets. la plus ioyeuſe qui eſtoit de traitter honneſtemẽt ſes cõpaignons: la magnifique, qui ſe faiſoit en plusieurs occaſiõs, cõme à receuoir les eſtrãgiers, & quand on eſtoit eſlu en quelque magiſtrat: la treſmagnifique, qui eſtoit le feſtin qu'on faiſoit es nopces.

Megarēſiens: tellemēt qu'il fera toutes telles choſes non point eſmeu d'une hōneſteté, ains pour faire paroiſtre ſes richeſſes, & qu'il ſe perſuade, que chacun par telles choſes le regarde & admire, uſant es choſes ou il fault eſtre ſumptueux de petite deſpēſe, & en celles qui ne fault, de prodigue ſumptuoſité: mais l'inhonorable & uil, en toutes choſes default, qui ayant fait une grand' deſpenſe, en une petite choſe s'oublie, & perd toute honneſteté: & ſi rien il entreprēd, il tarde le plus qu'il peult, & uiſe au moyen de deſpendre le moins qu'il ſera poſſible, le faiſant à regret, & penſant faire toutes choſes plus grandes & magnifiques qu'il ne fault: telles habitudes donc ſont uicieuſes, & toutesfois elles n'apportēt aucun reproche: tāt par ce qu'elles ne ſont deſplaiſir, ny dommaige aux uoiſins, que par ce qu'elles ne ſont grandement difformes. Mais la magnanimité, comme au nom meſme il ſemble, conſiſte en grādes choſes. nous uerrons donc premierement quelles elles ſont: en quoy il n'y a difference, ſi nous conſiderons l'habitude meſme, ou celuy qui l'a. Certes le magnanime ſemble eſtre celuy, qui quand à la uerité il eſt digne des choſes grandes, s'eſtime les meriter & deuoir auoir: car celuy qui ne le fait ſelon qu'il en eſt digne, tient plus du ſot, que du magnanime. Mais nul de ceux qui ſe gouuernent par uertu, n'eſt ny ſot, ny in-

Les Megarenſiens furent les premiers qui habillerent de pourpre les feſtiuans aux comedies & quelqu'uns dient, qu'auſsi ils furent premiers inuenteurs de la comedie: comme ceſt aucteur meſme en ſon liure de l'art poetique.

De la magnanimité ditte des Grecz μεγαλοψυχία.

consideré : tellement que le magnanime est tel que nous auons dict. Car qui estant digne de petits honneurs, tels les pense meriter, & ueult receuoir, est modeste & temperant : non pas magnanime, ueu que la magnanimité consiste en grandesse, ne plus ne moins que la beauté au corps grand & hault : car les petis hommes sont ciuilz & proportionnez, nõ pas beaux. Mais celuy qui ueult grands honneurs, & s'en estime digne quand il en est indigne, est un homme plain de uent, glorieux & superbe : toutesfois tous ceux qui s'estiment dignes de plus qu'ils ne sont, ne sõt pas glorieux ny superbes. Tout au contraire, celuy qui s'estime digne de moindres honneurs qu'il n'est, est pusillanime : soit qu'il fust digne des grands, ou des mediocres, ou des petits : moyennant qu'il se pense encores digne de moindres : mais principallement celuy le semble estre, qui l'estoit des grands: car qu'est ce qu'il eust fait, s'il en eust esté indigne? Donques le magnanime qui en grandeur & hautesse est le dessus & l'extreme, en la maniere & raison comme il en fault user, tient le meilieu : ueu qu'il se mesure & estime selõ sa dignité, ou les autres y sont excessifz, & defaillans. Mais si le magnanime s'estime digne des grans hõneurs, estant à la uerité digne d'iceux: certes en une chose principallemẽt il fera preuue de soy: laquelle nous pourrons comprendre de ceste dignité, & en trier quelle elle est. La dignité est dicte, & referee au biens exterieurs:

terieurs: desquels nous estimons le plus grand estre celuy, que nous distribuons aux dieux: & que tous ceux qui sont en estat & magistrat desirent principallement: & le loyer de tous gestes excellens & honnestes, quel certes est l'honneur, qui est des biens exterieurs le plus grand: & pour ce le magnifique se gouuerne & porte tel es honneurs & infamies de telle sorte que le deuoir le requiert. Mais, & sans en donner raison, il est euident que les magnifiques font preuue d'eux en l'honneur: car les hommes plains de grandesse, s'estiment dignes, & ueulent principallement l'honneur: mais c'est d'autant que la dignité le requiert. Le pusilanime tout au contraire default, tant au regard de luy, qu'en tout ce qui est digne d'un magnifique. Mais l'euenté & superbe, en grãdeur de couraige n'excede plus que le magnanime, ains au regard de sa personne seullement: & pour ce que le magnanime est digne des grans honneurs, il doit estre treshomme de bien: ueu que d'autant que chacun est meilleur, il merite plus grand chose: & le tresbon & parfait, les tresgrandes. Il fault donc que celuy qui à la uerité est magnanime, soit aussi homme de bien: tellement qu'il semble, que ce qui est de plus grand en chacune uertu, appartienne au magnanime: car il ne conuient nulle-

Le pusilanime.

L'euenté, pa les Grecz est dict χαυνὸς, presque pour semblable raison: bien que le grand Budé en allegãt mesmes l'Aristote en cest endroit attribue τὸν χαυνὸν à la liberalité oultrecuydee, mais le bon homme en cela se mescontoit, car χαυνὸς se dit seullement de la uaine gloire & arrogance de couraige.

ment au magnanime de fuir, comme à celuy qui eſt du tout diſſuadé de la fuitte : ny de faire une iniure:car quelle cauſe pourra induire celuy à commettre une uilanie, à qui rien ne ſemble grand? & le magnanime n'eſtant homme de bien, à quiconque le conſidere en ſes particulieres conditiōs, ſemblera ridicule:ueu meſme que ſ'il eſt meſchant, il ne peult meriter honneur : car le loyer de la uertu eſt l'honneur, qui eſt deu aux gens de bien: parquoy la magnanimité ſemble eſtre comme quelque enrichiſſeure & aornement des uertuz: car elle les rend plus excellentes, & elle ſans elles ne ſe peult maintenir: au moyen de quoy il eſt difficile d'eſtre uraymant magnanime, par ce qu'il n'eſt poſſible de l'eſtre ſans auoir une excellente bonté des uertuz. Certes le magnanime fait principallement preuue de luy es honneurs, & deshonneurs : eſquels honneurs, tant es grands , qu'en ceux qui luy ſeront faicts par gens de bien, il ſ'eſiouyra moderément : comme ayant receu les honneurs à luy deuz, uoire moindres: (car on ne ſçauroit à la uertu perfaicte & abſoluë, faire l'honneur d'ont elle eſt digne.) il les receuera toutefſois, par ce qu'il n'y en a aucuns plus grands qu'on luy peuſt faire : mais il contemnera totallement ceux du uulgaire, & qui ſe font pour petite choſe: comme celuy, c'eſt à ſçauoir, qui n'en eſt digne. Il en fera autant des deſhonneurs, car à droict ils ne luy peuuēt eſtre faicts. Ainſi donc, cōme il eſt dict, le le magnanime ſur toutes choſes ſe monſtre es honneurs: toutesfois il ſe portera es abondances de biẽs, en ſes grands credits & puiſſances, en toute proſperitez, & aduerſitez, de quelconque ſorte qu'elles ſoyent aduenues, modeſtement: & ne ſera pour les proſperes fortunes trop affollé de ioye, ny pour les mauuaiſes deſanimé de triſteſſe: ueu que l'hõneur, meſme par ce qu'il eſt treſgrand, n'eſt affecté de telle ſorte: car les credits & puiſſances, & l'abondance des biens, ſont pour l'hõneur deſirables, & tant que pour elles, ceux qui les ont, ueulent eſtre hõnorez: à celuy donq à qui l'honneur eſt petite choſe, rien autre ne peult ſembler grand. Et pource les hommes magnanimes ſemblent contemner, & eſtimer peu toutes choſes. Les grandes proſperitez auſſi ſemblẽt beaucoup aider la magnanimité: car les gens bien nez & de bonne race, & les hõmes puiſſans en credits & eſtatz & en richeſſes, ſont eſtimez dignes d'honneur: par ce, c'eſt à ſçauoir, qu'ils ſont en eminence & excellence: mais tout ce qui eſt de quelque bien plus excellẽt, eſt auſſi plus honnorable: & pource telles choſes les rendent plus magnanimes, comme celles qui ſõt par quelques uns hõnorees: ia ſoit ce que ſelon la uerité l'honneur ne ſoit deu qu'aux bons: toutesfois celuy en qui les deux ſe treuuent, ſemble meriter quelque honneur & gloire d'auantaige. Mais ceux qui ſans auoir la uertu ſont riches de tels biẽs, ny iuſtemẽt ne ſe peuuẽt eſtimer dignes de grans hõneurs, ny à bon droict ne ſont dicts ma-

L'hõneur deu aux bõs ſeulement.

gnanimes:(ueu que ſans uertu entiere & de tous poinctz parfaicte, ces choſes ne peuuent eſtre) ains deuiennent impudens,contempteurs d'un chacun, iniurieux,& choſes ſemblables:car par ce qu'il n'eſt facile, ſ'eſloingnãt de la uertu, de ſe porter moderément es bõnes fortunes,eux pour ne ſ'y ſçauoir moderer,& ſe perſuadans d'eſtre plus extellens que les autres,deſpriſent tout le mõde,& font tout ce qu'ils peuuent & uient à plaiſir : car n'eſtans au magnanime ſemblables,ils le ſuyuent & imitent, c'eſt à ſçauoir es choſes qui leur ſont poſſibles:ueu qu'ils ne font rien ſelon uertu, & ſi contemnent les autres. Mais le magnanime les deſpriſe iuſtement, car il y eſt incité par urayes opinions:les autres par les premieres qui leur uiennent en la fantaſie. Le magnanime auſſi par ce qu'il faict compte de peu de choſes,ne ſ'expoſe à toutes ſortes de dangiers,& n'aime à ſ'y expoſer, ains aux grãs ſeulement, eſquels meſmes il ne pardonne à ſa uie : comme ſi indigne luy eſtoit lors totallement de plus uiure. Il eſt auſſi tel qu'il faict bien aux autres,& honteux quand on luy en faict, par ce que l'un eſt de celuy qui eſt plus excellent, l'autre de celuy qui eſt uaincu,rendãt touſiours ſ'il en reçoit,plus de plaiſir qu'il n'en a pris car par telle maniere,celuy qui à le premier donné, demeurera redeuable, & aura le bien & plaiſir receu. Tellement qu'il ſemble que les magnanimes rememorent ceux,auſquels ils ont faict du bien, & non ceux deſquels ils en ont receu: car celuy qui reçoit

du

du plaisir d'un autre, est inferieur q̃ celuy qui le luy faict : mais le magnanime desire d'exceller & estre superieur, d'ou uient mesme qu'il est aize d'ouyr les plaisirs & biens qu'il a faictz, & fasché d'ouyr les autres. Et pource Thetis ne harengue à Iupiter de ses biens faictz enuers luy: ny ceux de Lacedemonne aux Atheniẽs, ains les biens qu'ils ont d'eux receu. D'auantaige il appartiẽt au magnanime de n'auoir besoing ny supplier personne, ou pour le moins à grãd peine: ains d'estre animé & prompt à secourir les autres. Et enuers ceux qui sont ou en estat & dignité, ou biẽ fortunez, se faire grãd: enuers ceux de moyenne qualité, modeste & mediocre: par ce que d'exceder & surpasser les uns, il est difficile & excellent, les autres facile: & entre ceux la ne s'oublier de sa dignité, & se rendre uenerable, est genereux: entre les mechaniques & uiles personnes, abiect & plain d'enuie, ne plus ne moins que de monstrer ses forces entre les foibles & imbecilles. Il ne se trouuerra aussi, à toutes telles choses, qui sont tenues pour honnorables: ny ou les autres doyuent estre premiers & principaulx, ains se tiendra en repos rien ne faisant de telle choses, & differant d'y aller, si ce n'est, quand quelque chose fort honnora-

C'est en Homere au premier liure de son Iliad. quand Thetis suppliante Iupiter pour son fils Achilles, despit qu'Agamemnõ luy auoit rauy Bryseis s'amye, qu'il uoulust faire aux escarmouches auoir du pys au Grecz, durant l'absence de son fils: en quelle supplicatiõ elle n'allegue à Iupiter le plaisir qu'elle luy auoit fait, auec le geant Briare, contre les autres dieux.

Ce fut quand les Lacedemoniens assailliz par Epaminondas, & au dangier de perdre leur uille, uenantz supplier les Atheniens, leurs competiteurs touchãt l'empire de la Grece, pour les mouuoir à leur dõner secours, ils ne leur remonstrerent les plaisirs, que peu de temps auant ils leur auoyẽt faicts, quãd les aiãs mesmes uaincuz, & pouuans destruire leur cité, ils, tout au contraire les contregarderent: & misrent en Athenes l'estat & police, qui depuis fut appellé l'estat des trente tyrans.

ble, ou quelque grand acte se feroit: & il fera peu de choses, s'elles ne sont grãdes, & de grand nom. Mais il est aussi de necessité que le magnanime soit amy, & ennemy descouuert: car c'est à faire à celuy qui craint, de se cacher. Il se soucie aussi plus de la uerité que de l'opinion, & fait tout apertement: car cela appartient à celuy qui ne fait compte de rien: & pour ce est il plus libre en son parler, par ce qu'il cõtemne toutes choses, & qu'il ne dit que la uerité, si ce n'est es choses, ou il faut dissimuler, comme il peult faire enuers le peuple. Oultre ce il est propre au magnanime, de ne pouuoir uiure à la discretion d'homme du mõde, si ce n'est de son amy, ueu que c'est une chose seruile: & pour ce tous flateurs sont seruiles & mercenaires, & gens de nulle qualité flateurs. D'auantaige, pour ce que rien ne luy est grãd, il n'admirera aucune chose, ny ne luy souuiẽdra des offenses qu'on luy aura faictes: ueu qu'il n'affiert au magnanime d'estre si souuenant, & principallemẽt des maux & iniures, ains plus tost les desdaigner. Ny ne tiendra propos d'aucun hõme: car il ne parlera de luy, ny d'autre, ueu qu'il n'a aucun soing d'estre loué, ny que les autres soyent uituperez. de rechief il ne s'amusera à louër les autres, & pour ce ny aussi à les blasmer: non pas ses ennemis mesme, si ce n'est pour leur aperte meschanceté: ny pour choses qui luy sont necessaires, ou qui sont petites, il ne sera querelleux ou grand demãdeur: car de faire ainsi, appartient à celuy qui s'estudie & addõne à telles choses.

choſes. brief, le magnanime eſt tel, qu'il eſtime plus la poſſeſſion des choſes excellentes & honneſtes non fructueuſes, que des plus fructueuſes & utiles: car telle choſe conuient fort à celuy qui eſt de ſoymeſme content. Il ſemble auſſi que le port & mouuement du magnanime doyue eſtre poſé, & lent, la uoix graue, l'oraiſon ferme & conſtante. car celuy qui ſe trauaille & empeſche de peu de choſes, n'eſt point haſtif: ny uehement & criart, qui rien n'eſtime grand: de quelles choſes procede l'aigreur de la uoix, & la haſtiueté. de telles conditions donq eſt le magnanime. Mais qui en elles default, puſillanime: qui oultrepaſſe, euenté & glorieux: & certes ceux cy auſſi ne ſemblent eſtre meſchans, ueu qu'en eux n'eſt aucun maleſice, ains erreur & faulte ſeullement. Car le puſillanime meritant honneurs & biens, ſe priue ſoy meſme des biens d'ont il eſt digne: & ſemble auoir un mal en luy, par ce qu'il ne ſ'eſtime digne de biens. Il ſ'ignore auſſi luy meſme, car autrement il deſireroit les choſes dont il eſt digne, ueu meſme qu'elles ſont bonnes. Toutesfois tels hommes ne ſemblent idiots ou fouls, ains plus toſt pareſſeux. & telle opinion les ſemble rendre pires: car ueu que toutes perſonnes deſirent ce qui eſt deu à leurs merites & dignité, ceux cy toutesfois ſ'abſtiennent (comme ſi indignes ils en eſtoyent) des honneſtes actions, offices, & deuoirs: & ſemblablement des biens exterieurs. A l'oppoſite les euentez ſont

Le puſillanime.

Les euentez.

fouls & incōſiderez, ſignorent & meſcongnoiſſent eux meſmes, uoire apertement : car, comme ſ'ils en eſtoyent dignes, ils ueulent manier les entreprifes honnorables, & puis ils en font cōuaincuz & repris. d'auantaige ils ſ'ornent & brauent en ueſtemens, geſtes, contenances, & choſes ſemblables: & ueulent que leurs proſperitez ſoyent diuulguees & apparentes, en diuiſant & parlant d'elles, comme ſi pour elles ils deuoyent meriter honneur. Mais la puſillanimité eſt plus oppoſee à la magnanimité, que la uaine gloire, par ce qu'elle eſt plus frequente entre les hommes, & plus mauuaiſe, de telle ſorte donques que nous auons dit, la magnanimité ſ'exerce & congnoiſt es grands honneurs. Il ſemble auſſi (comme meſmes il a eſté dit par cy deuant) qu'il y ait en ces honneurs quelque uertu, qui a telle comparaiſon auecques la magnanimité, qu'auec la magnificence la liberalité: car comme toutes deux ſ'eſlongnent de la grandeur: ainſi es choſes mediocres, & petites, elles nous compoſent tels, que nous deuons eſtre. Mais ne plus ne moins qu'au donner, & au prendre de l'argent, il ya un moyen, un excez, & un default: ainſi en la cupidité de l'honneur, il eſt un plus qu'il ne fault, & un moins, & quand, & par qu'elle façon il eſt requis. Car nous uituperons l'ambicieux, comme celuy qui plus, & d'ou il n'eſt permis, brigue & deſire l'hōneur: & l'inambicieux comme celuy, qui es choſes meſmes excellentes & honneſtes

De la modeſtie, qui eſt un moyen qu'on doit garder aux hōneurs.

L'ambicieux & l'inambicieux.

nestes n'en a cure. Il est uray qu'aucunesfois il se trouue, que nous louons l'ambicieux, comme uiril, & amateur de l'honnesteté, & l'inambicieux cõme modeste & saige, ainsi que nous auons par cy deuant desia dit. Et de ce est euident (ueu que par ce que le cupide d'honneur en plusieurs sortes est dit amateur de telle chose) que nous ne pouuons tousiours referer l'ambicieux à un mesme: mais le louans, nous le referons à ce qu'il cherche l'honneur plus que ne faict la multitude: le uituperans, à ce que plus qu'il n'est licite il le desire: tãt qu'à cause, que la mediocrité d'entre ces deux n'auoit point de nom, les extremitez semblent, cõme de possessiõ deserte, en quereller & combatre. Mais es choses esquelles il se treuue un excez, & un default, il ne peult estre qu'il n'y ait une mediocrité: & les hõmes peuuent estre cupides de l'hõneur, ou trop, ou trop peu: doncques aussi, & comme il est requis. parquoy ceste habitude, qui est une mediocrité es honneurs, & qui est sans nom, est louee. laquelle certes cõparee à l'ambicion, semblera estre inambitiõ, & à l'inambicion ambicion, & si auec toutes deux, paroistra aucunement estre toutes les deux: (ce qui semble estre aussi au reste des autres uertus) à l'occasion de quoy, les deux extremitez, par ce que la mediocrité d'entre elles n'a point de nõ, s'entredebatẽt de sa place. Mais la clemence & benignité se congnoist aux ires & courroux: & par ce que telle mediocrité, & presque ses extremitez estoyent sans noms, nous

De la clemence & benignité.

auons transporté ce nom de clemence dans le meilieu : qui semble fort decliner, & s'approcher de l'extremité du default qui n'a point de nom. Son excez se peult appeller ire & colere : car l'ire est une affection, la quelle s'engendre de plusieurs & diuerses choses. Celuy donq qui se courrouce des choses, & à ceux à qui il faut, d'auantaige en celle façon, quand, & autant de temps qu'il fault, est louable : & cestuy certes peult estre clement, ueu que clemence est louee. Car l'homme clement ueult estre uuyde de toute perturbation d'esprit, & n'estre agité d'aucune affection: ains en telle façon, si long temps, & comme la raison l'ordonneroit se colerer. tellement qu'il semble faillir d'auantaige au default de trop peu se courroucer: car le clement n'est point uindicatif, ains plus tost prompt à pardonner. Mais son default, (soit que uous l'appelliez une lentitude, ou quelque autre chose) est uituperé: ueu que ceux qui ne se courroucent des choses dont ils doyuent, de telle façon, quand, ny auec ceux qu'il fault, s'emblent estre sotz & nyez: car celuy qui iamais ne se courrouce, sēble estre priué de tout sens, & de rien ne prēdre douleur: uoire n'estre homme pour se uanger d'une iniure: ueu que de se laisser oultraiger, & n'auoir egard aux siens, est acte seruile & abiect. Mais l'excez se commet en toutes façons: car c'est à se colerer contre ceux, pour ce, trop, plus soudain, & plus long temps qu'il ne fault: non pas toutesfois qu'en un mesme toutes

L'ire.

La lentitude est une trop grāde nōchalance & tardité à se colerer.

toutes ces uicieuſes conditions ſe trouuent , ueu qu'elles n'y pourroyent eſtre : car tout mal de ſoy meſme,pert & diſſipe: & ſ'il eſt entier,deuiét intolerable. Et certes les coleres & deſpiteux ſ'eſmeuuent ſubitement encontre ceux qu'il n'eſt requis, & pour ce qu'il n'appartient,&plus qu'il ne fault:mais tout ainſi(qui eſt une choſe en eux treſbõne) ſ'appaiſent ils incontinent: ce qui leur aduient, par ce qu'ils ne retiennent leur colere, ains qu'ils la rendét & mettent dehors:& pour ce qu'ils n'ont rien de caché ny diſſimulé,à raiſon de leur aigreur,ils ceſſent puis apres.Mais les extremement coleres & ardens , ſont exceſſifz à ſe deſpiter: ſe courrouçant à toutes, & pour toutes choſes : d'ou uient qu'ils ont eſté ainſi nommez. Mais ceux qui ſont aigres & malaiſez à appaiſer,ſont en colere long tẽps,par ce qu'ils arreſtét &gardent leur courroux:alors toutesfois qu'ils l'ont rẽdu & uomy,les choſes ſont en eux plus paiſibles:car la uengeance fait ceſſer l'ire,rendant ioye pour facherie: & ſi cela ne ſe fait, ils ſentent en eux peſanteur:& à cauſe que ce deſpit n'eſtant à aucun manifeſte,perſonne ne les uient oſter de telle fantazie,il fault un grand tẽps à cuyre en eux ceſte colere:tellement que telles gens ſont fort facheux,nõ ſeullemẽt à eux meſmes, ains auſſi à leurs plus grãs amis. Nous appellons auſſi les difficiles,ceux qui ſe font des difficultez es choſes qu'il ne fault,uoire d'auantaige, & plus long tẽps qu'il ne conuient, & qui ne ſe reconcilient,qu'apres uengeance & punition:

Il appelle ἀκροχόλους ceux qui ſont au dernier extreme de colere,gens deſpiteux , & quaſi furieux.

Il les appelle πικρούς, qui ſont gens aigres,et aſpres en colere, de quelle ſorte ont fort accouſtumé d'eſtre les femmes.

Il les nomme χαλεπούς, par ce que ce ſont gẽs qui ſe font des difficultez, & ſe chagrinent de toutes choſes.

tellement que nous opposons plus tost l'excez à la clemence, tant par ce qu'il se commet plus souuent (ueu qu'il est plus naturel à l'homme de se uouloir uenger d'un tort) que par ce que ces hommes ainsi difficiles, sont pyres pour pratiquer & uiure auec les autres. Mais par ce qu'auons desia dit, & de ce que dirons cy apres, il est manifeste qu'il n'est pas aizé à determiner par quelle façon, à qui, pour quoy, & combien de temps, il se fault courroucer: & iusques à quel terme il fault aller, à fin que quelqu'un face selon droict, ou qu'il pecche : ueu que celuy qui de peu s'eslongne du moyen, soit ou par l'excez, ou par le default, n'est pas uituperé : car nous louons par fois ceux qui en colere sont defaillans, les disans estre clemens & benins: & par fois appellõs les difficiles & facheux (comme hommes suffizans pour commander & imperer) uirilz & braues hommes. Ainsi donc, il n'est aizé de rendre raison, cõbien, ny comme il fault que quelqu'un s'eslõgne du moyen pour estre uituperable: car le iugemét est es choses particulieres, & au sens: telle chose toutesfois est euidente, que l'habitude qui tiẽt le meilieu est louable: selon laquelle nous sommes coleres cõtre ceux, pour telles causes, & en telle façõ qu'il est requis, & permis en toutes telles choses: mais les affections q sont excessiues, ou defaillantes, sont toutes uicieuses: si de peu elles excedẽt, moins : si de plus, d'auantaige: & si de beaucoup & du tout, tresgrãdemét: tellement qu'il est manifeste qu'il fault suyure, & s'arrester

rester en l'habitude du meilieu. Par ce moyen donques les habitudes qui sont à l'ẽtour de l'ire, sont dictes & demonstrees. Mais es conuersations, tant du uiure, du parler, que du negocier & pratiquer ensẽble, ceux semblent estre plaisans & blandisans, qui louent toutes choses pour donner plaisir, & ne cõtrariẽt à aucune: ains sont en ceste opinion, qu'ils ne doyuẽt à hõme quel qu'il soit, estre facheux. Aucũs sont tout au contraire, qui en toutes choses cõtredisent, & ne se soucyẽt de facher & desplaire à quelcõque: lesquels sont appellez facheux & querelleux: tellement qu'il n'est aucun doute que les susdittes habitudes ne soyent uituperables, & que le meilieu d'entre elles ne soit louable, cõme celuy c'est à sçauoir q reçoit les choses, & les manieres qu'il fault, & q reiette les cõtraires: toutesfois il ne luy a point encores esté donné de nom: mais il semble grandement que ce soit amitié: ueu que tel est celuy en qui est ceste habitude, que celuy lequel nous uoulons estre dit discret & amy, s'il a en luy ceste amitié ioincte: car il est different de l'amitié en ce qu'il est sans aucune affection & amour enuers ceulx auec lesquels il cõuerse: ueu que ny pour aymer, ny pour haïr, ains pour estre tel en soymesme, il reçoit & approuue chacune chose de telle sorte qu'il doit: car il fera le semblable enuers ses incongnuz, congnuz, plus familiers, ou non de mesme façon: fors qu'il se sçaura accõmoder à chacune chose: ueu qu'il n'est raisonnable ny decẽt de se soucier en pareille sorte

Des coustumes & habitudes qui sõt en la cõuersation de la uie.

L'amitié.

des eſtrãgiers, que de ſes familiers, ny de rechief de les facher. Et pour ce generallement nous dizons qu'il pratiquera & hantera les autres, en telle façon qu'il eſt requis: car il uiſera, referant toutes choſes à l'honneſteté & utilité, de ne facher perſonne, & de ſ'entreresiouyr: par ce qu'il ſéble faire preuue de ſoy es plaiſirs & facheries, qui ſont en la conuerſation: eſquelles il reiette toutes celles d'ont il eſt inhõneſte, ou dommageable de ſ'en reſiouyr: tant qu'il eſlira plus toſt d'eſtre ennuieux & facheux: uoire que ſi pour faire une choſe il deuoit remporter honte, & celle non petite, ou dommaige: ou pour le contraire, quelque petit ennuy, il ne l'approuue, ains la dedaigne & reiette. D'une autre ſorte toutesfois il cõuerſera auecques ceux qui ſont en dignité, qu'auec les premiers uenuz, & auec ſes plus congnuz, qu'auec ceux qu'il ne congnoiſtra: & ſemblablemẽt ſelon les autres differences des hommes, à un chacun diſtribuãt ce qui luy conuient: & en luy meſme il ſe propoſera de ſe reſiouyr auec les autres, & ſe cõtregardera d'eſtre ennuieux, ains il ſuyura touſiours les accidẽs qui peuuẽt ſuruenir, ſ'ils ſont plus grãds, i'entẽd l'honneſteté & l'utilité: il pourra toutesfois, ſ'il ſ'en doit enſuyure un plaiſir & paſſetemps, donner quelque legier ennuy. Tel dõc eſt celuy qui en telles choſes tient le moyen, & n'a point de nom: mais de ceux qui ſ'eſtudient à reſiouyr celuy qui pour autre cauſe uiſe à eſtre ioyeux, ſ'appelle plaiſant: qui pour en ſentir profit, ſoit par argent, ou

Le plaiſant. c'eſt à ſcauoir, qui ſe ſoucye de plaiſanter.

pour

pour choses qui par argent se font, est un flateur; & celuy qui en toutes choses s'offense, & se sent greué (ainsi qu'il a esté dit) querelleux : tant qu'il semble que les extremitez, à cause q̃ leur meilieu n'a point de nom, soyent contrariantes, & en debat. Presque en ces mesmes choses se cōgnoist la mediocrité de la uanterie, qui est aussi sans aucun nom: de laquelle il ne sera mauuais de discourir: car en deduisant chacune chose, nous entendrons plus à plain ce qui cōcerne les meurs & coustumes. Et apres auoir ueu qu'en toutes les uertuz il ua de telle sorte, croirons lors qu'elles sont mediocritez. Nous auons desia parlé de ceux qui en la cōuersation de la uie, pratiquēt ayant egard au plaisir, & à la facherie: maintenant il nous fault parler de ceux qui sont ueritables, ou menteurs, tant en parolles, qu'es faicts & fictions. Certes le uanteur sēble estre celuy qui faint & controuue de grandes & singulieres choses, ou qui ne sont en luy, ou plus grādes qu'elles n'y sont. Tout à l'opposite, le dissimulateur & moqueur, celuy qui nye celles qui y sont, ou qui les fait moindres: mais celuy qui y tient meilieu (comme à soymesme semblable, & de soy contēt) ueritable tant en sa uie, qu'en ses propos, n'auouë rien estre en luy que ce qui y est: & ny plus grād, ny moindre. Mais il peult estre q̃ chacune de ces choses se face pour quelque cause, ou pour nulle: car chacū tel qu'il est, tels sont ses faicts, ses dicts, & sa uie: si ce n'est que pour quelque occasion, il face autrement: & certes

Le flateur. *Le querelleux.* *De la uanterie & arrogance.* *Le uanteur.* *Le dissimulateur & moqueur.*

de soy mesme le faux, & la menterie sont mauuaises & uituperables: & le uray excellẽt & louable: au moyen de quoy celuy qui est ueritable, estant au meilieu, est digne de louenge, & les menteurs tous deux de blasme & uituperatiõ, mais plus le uãteur. Desquels tãt de l'un que de l'autre (mais premierement du ueritable) nous parlerons: car nous ne parlons de celuy qui es cõuentions & contracts est ueritable : ny en toutes celles affaires, qui concernent ou l'iniustice, ou la iustice (ueu que cela appartient à une autre uertu) ains qui es choses esquelles il n'y a rien de tel interest & importance se monstre ueritable tant en ses parolles, qu'en sa uie, pour ce que tel il est en son affection & habitude: & certes un tel homme peult sembler estre hõme de biẽ: car celuy qui est studieux de la uerité, & qui es choses d'ont il n'importe en rien, dit ce qui est uray, le dira d'autant d'auantaige es choses esquelles il importera: par ce qu'il se gardera (comme celuy qui de soymesme la fuyoit & euitoit) de la menterie : tant qu'un tel homme merite louenge, bien qu'il decline d'auantaige à ce qui est moindre que la uerité, qu'à ce qui est plus: car cela semble plus apte & cõuenable à raison, par ce que toutes excellences excessiues sont ennuyeuses. Mais qui contrefaict sans aucune occasion, les choses plus grandes qu'elles ne sont, est semblable au depraué & peruers: car autrement il ne se delecteroit de mensonge: toutefois il tient, comme il semble, plus du fol que du malicieux:

Le ueritable.

cieux:tant que ſi c'eſt pour quelque cauſe, comme pour l'hõneur & la gloire il n'eſt pas fort uituperable,quel certes eſt le uanteur:mais quand c'eſt pour argent,ou choſes qui appartiennent à l'argẽt, celuy certes eſt plus uilain : mais le uanteur & qui ſe dõne plus qu'il n'a,n'eſt pas tel en puiſſance,ains en uolunté & election:ueu que pour telle affection & habitude, & par ce qu'il eſt de telle façon,il eſt uãteur, ne plus ne moins que le menteur qui ment:l'un,par ce qu'il prend plaiſir à mẽtir:l'autre, ou par une enuie qu'il a de gloire, ou du gain : deſquels ceux qui dient des uanteries pour l'amour qu'ils ont de la gloire, controuuent les choſes eſquelles conſiſte ou grand' louenge,ou l'heur de la uie:ceux qui le font pour le gain, celles dont & l'uſaige eſt entre ceux qui les uoiſinent: & qui ſont aizees à celer & couurir, ſi elles ne ſont, comme d'eſtre medecin, ou ſçauant uaticinateur : & pour ce pluſieurs contrefont telles choſes, car en eux ſont les conditions deſſuſdittes. Mais les diſſimulateurs & moqueurs, qui en leurs propos font les choſes moindres qu'elles ne ſont, ſemblent eſtre de meilleure grace: car à cauſe du gain il ne parlẽt de telle ſorte: ains fuyãs d'eſtre facheux ou importuns: meſmes telles gens n'acceptẽt & diſſimulent,principallemẽt les choſes que tout hõme a en opinion d'honneur ; ainſi q̃ faiſoit Socrates. Les autres qui faignent en cho

Socrates en la congnoiſſance de pluſieurs choſes, artz, & ſciẽces, ſe faignoit moindre qu'il n'eſtoit, & diſſimuloit (ſe moquant du uulgaire) pluſieurs choſes eſtre telles, ne ſi grandes qu'il les penſoit. Cice. en ſon 4 des queſt. Acad. Qu'il me ſoit (dit il) licite d'eſtre moqueur, ueu que Socratres le fut.

ſes de nulle ualeur, & qui ſont cleres & manifeſtes, ſont appellez cõtrefaiſans les ſaiges, enguynoueres, qui à bõ droict ſe doyuẽt deſdaigner & deſpriſer: & oultre q̃ quelquesfois cela ſemble eſtre une uãterie & arrogance, comme la façon de ſ'habiller de ceux de Lacedemone.* car tant l'excez que le default, grandement defaillant, tient de la uãterie & arrogance. Ceux auſſi qui ſçauent uſer moderément de diſſimulatiõ, en ne diſſimulant les choſes ſi fort à l'œil, & congnues à tout le monde, ſemblent eſtre ciuilz & gens gracieux. Et pource le uãteur ſemble eſtre plus contraire au ueritable: car il eſt auſſi le

Des facecies, follaſtries, & railleries.

pire. Mais ueu qu'au diſcours de ceſte uie, il y a quelque repos, durant lequel on paſſe le temps à quelques ieux & follaſtries: en ce, cõme il ſemble, cõſiſte la maniere de hãter les gens decẽte & moderee: & tant de tenir propos des choſes qu'il fault, & cõme lon doit: que de les eſcouter. En quoy il importe de diſcerner à qui lon parle, & que c'eſt qu'on eſt eſcoutant: à raiſon de quoy il appert, qu'il y a en

Ariſtote uſe de ce mot βαυκοπανοῦργοι, lequel en ſa propre ſignification ſignifie ceux qui font toutes choſes delicates, & de plaiſir: meſme pour ceſte façon de pantoufles des dames Ioniques nommees βαυκίδες. Et pource en ceſt endroit plusieurs ont penſé que l'aucteur uouluſt entendre de ceux qui ſe contrefont delicatz & damoyzelz, affectans une reputation de douceur par telles palliations: mais le ſens ſeroit abſurde, ueu l'exẽple qu'il allegue des habitz des Lacedemoniẽs. Parquoy icy il a mis βαυκοπανούργους pro σεμνοπανούργοις, qui ſont ceux qui ueulent contrefaire par habitz & rides du front, & un renfrongnement & heriſſement des ſourcilz, trenchans des ſaiges & ſaincts, une bõne uie, ou pouretè, ou ſaintetè: & pour ce les ay ie nõmez Enguygnoueres, qui eſt un mot qui uiẽt de guyner l'œil: & que oultre tel guynement il n'y a riẽ de bõ en l'hõme. on les appelle auſſi rebarbatis. Iuueual en ſa 2 ſat. les deſcrit elegãmẽt, diſant:

Qui curios ſimulant, & bacchanalia uiuunt.

** Les Lacedemoniens par habitz uiles & deſpriſez de toute la Grece, uouloyent paroiſtre quelque choſe plus qu'ils n'eſtoyent; & diſsimuler les choſes d'entr'eux & de leur uille, que tout le mõ ſcauoit. Xenophon en parlant de la republique des Lacedemoniens.*

en telles choſes un excez du moyen, & un default. Ceux dõq qui en choſes ridicules ſont exceſſifs, ſemblẽt eſtre urays lichautels, lippeurs, & importuns: ueu qu'animez & affectãs toutes choſes ridicules ils uiſent plus d'appreſter à rire, q̃ de tenir propos honneſtes, & de n'offenſer & facher celuy qu'ils brocardẽt. Au cõtraire ceux qui ne diſent riẽ de facecieux, ains ſe chagrinẽt & offenſent de ceux qui en dient, ſemblent eſtre champeſtres, & auſteres. Mais ceux qui ſe ſçauent iouer & follaſtrer moderémẽt, & de bõne grace, ſ'appellẽt ioyeux & mouuans, comme ſ'ils eſtoyent agiles & remuables. car tels mouuements & promptitudes ſemblent eſtre de leur couſtume & façon de faire: ueu que ne plus ne moins que par les mouuemens & manimens on iuge de la diſpoſition du corps, pareillement auſſi des mœurs & couſtumes. Mais par ce que les choſes ridicules ſont abondantes, & que pluſieurs prennent plaiſir aux ieux & follaſtries, & de ſe moquer & brocarder, plus qu'il ne fault: il eſt aduenu que les lippeurs & plaiſanteurs, ont eſté nommez (comme gens de bonne grace) facecieux & ioyeux: il eſt toutesfois par les choſes dictes euident, qu'il ya entre eux grãde differẽce. A ceſte habitude qui y tient le moyen, la dexterité, & ciuilité eſt cõuenante & prochaine: car il appartient à l'homme dextre & ciuil, de dire & eſcouter telles choſes, quelles elles conuiẽdroyẽt à tout hõme de bien, & noblemẽt nourry. Car il ya certaines choſes decẽtes à un tel homme, pour eſtre

L'autheur les appelle βωμολόχοι, qui proprement ſont les oyſeaux qui uenoyẽt, le ſacrifice parácheué, licher & fripper la greſſe des autelz: & par meſme raiſon les Grecz depuis nommerent ainſi les lichetables, qui plaiſantoyent pour auoir la lippee frãche.

Les Grecz les appellent εὐτραπέλους, quaſi ſe mouuãs: auiourdhuy pareillement nous diſons qu'ils ont l'eſprit mouuãt, parce qu'en tous endroictz & à tous propos il raillent ſi ſoudain. nous les appellõs auſſi facecieux.

dictes par ieu, & pour eſtre ouyes: & les ieux & folaſtries des bien & liberallement nourriz, ſont differentes de celles des ualletailles & ſeruiles: & de rechef celles du bien apris & docte, de celles de l'ignorant. ce qui ſe peult uoir, tant par les comedies des anciens, que par les modernes: es unes deſquelles auec le ſens deshonneſte, les uilaines paroles eſtoyent ioyeuſes & pour rire: es autres plus toſt la ſuſpicion, qu'on auoit du ſens, & de la ſignification des parolles. Certainement telles choſes importent & non pas peu, touchant l'honneſteté. A ſçauoir donq ſ'il fault diffinir le bon moqueur & raillard, ou pour dire choſes decentes à un hõme bien nourry, ou pour ne facher & offenſer celuy qui les entend, ains pour luy dõner plaiſir? ou ſi telles conditions ne ſe peuuent determiner? ueu qu'autre choſe eſt odieuſe ou ioyeuſe à lun qu'à l'autre, qui pource ioyeuſement telle choſe eſcoutera: car qui endure d'ouyr quelques choſes, les ſemble faire auſſi: toutesfois il ne les fera toutes, par ce que le brocard eſt cõme quelque iniure: mais les legiſlateurs defendent quelques iniures à dire: il n'eſtoit, poſſible, auſſi moins requis de defendre les moqueries & brocards. Certes l'hõme de bonne grace & bien nourry ſe portera tel, comme luy meſme eſtant à ſoy la loy. Tel dõques eſt celuy qui tient le moyẽ, ſoit que uous le nõmez dextre ou facecieux. Mais le lippeur & bouffon, ſe rẽd & ſoubmet du tout aux choſes ridicules, & ne pardõne aux autres, nõ pas à luy meſme,

De la differẽce de l'ancienne & moderne comedie, uoy l'interprete d'Ariſtophane.

Le raillard.

me,pour apprester à rire: disant mesmes telles choses,qu'un hõme de bõne grace iamais ne diroit: uoire telles dont il se scandalizeroit les oreilles. A l'opposite le champestre en telles cõuersations est tres-inutile:car encores que rien il n'y mette du sien,il se sent greué de ce que les autres diét. Toutesfois,comme il semble,le repos & les ieux sont necessaires au cours de ceste uie. Ainsi dõq ces trois mediocritez, que i'ay dictes,sont en la cõuersatiõ de la uie: & consistẽt toutes en la cõmunauté de certaines parolles & actions:mais elles sont differẽtes,en ce que l'une faict preuue de soy en la uerité, les autres aux ioyeusetez & passetemps: desquelles l'une cõsiste es ieux & follastries,l'une en la cõuersation des autres manieres de la uie. Quãd à la honte, il n'appartiẽt d'en parler cõme de quelque uertu,car elle semble estre plustost une affectiõ qu'une habitude. Parquoy on l'a diffinie estre une crainte du deshõneur:elle s'engendre aussi & parfaict, de semblable maniere que la peur des choses terribles: ueu que les hõteux rougissent ne plus ne moins,qu'en crainte de mort pallissent les epouuẽtez. Tellemẽt qu'aucunemẽt toutes les deux semblent estre corporelles:ce qui appa-roist appartenir plus à l'affection, qu'à l'habitude: & certes à touts aages cest affection ne conuient, mais en la puerile & ieune: par ce que nous pensons,que ceux qui sont de tel aage, pource qu'en uiuant selon leurs affections il faillent & pecchent en plusieurs endroictz, doyuent estre honteux, & que par la honte ils en sont empeschez & diuertiz.

L'agreste & rude, que nous appelons inciuil.

De la honte.

mesme que nous louōs ceux d'entre les ieunes, qui sont honteux: & qu'au uieillard nul n'en donneroit louāge : à cause, c'est à sçauoir, qu'il est hors de toute honte: ueu que n'auons opiniō que, selon son deuoir, iamais il face rien dont il doyue rougir. Car la honte ne peult aduenir à l'homme consideré & saige, ueu qu'elle procede des choses mauuaises, lesquelles ne sont à faire. Mais il n'y a aucune differēce si elles sont uilaines à la uerité, ou pour l'opinion qu'on a d'elles seullement : car ny les unes ny les autres ne sont à faire, à fin que iamais on ne rougisse de honte. Mais c'est à l'hōme depraué & mauuais d'estre tel, qu'il cōmette les choses deformes & uilaines : tellement que d'estre ainsi affecté en l'esprit, que si tu as rougy apres auoir fait telle chose, & par ce tu te persuades d'estre homme de bien, c'est une sottie & ineptie : ueu que la honte procede des choses qui sont commises par nostre uolunté: mais le saige & prudent iamais n'a le uouloir de mal faire: la honte toutesfois peult estre bonne selon quelque cas & condition : c'est à sçauoir par ce, que s'il aduenoit que telles choses il fist, il rougiroit: ce qui ne se trouue entre les uertus. Mais si la honte est une chose mauuaise, & de n'auoir honte des choses malfaictes mauuais: que celuy qui telles choses cōmet, soit honteux: de rien plus ne se doit estimer bō & hōneste: ains aussi ne la cōtinēce n'est point une uertu, mais d'une nature meslee, de laquelle nous expliquerōs cy apres. Maintenāt parlōs de la iustice.

Fin du quatrieme liure.

LE CINQVIESME LIVRE DES ETHIQVES D'ARISTOTE Stagirite à son fils Nicomache.

VOyons premierement touchant la iustice & l'iniustice, en quelles actions elles sont exercees : & de quelles choses iustice est la mediocrité, & le droict le meilieu. en ceste consideration nous suyurons la mesme methode d'enseigner, qu'auõs tins es disputes precedẽtes. Certes nous uoyõs que tout le mõde ueult dire que telle habitude est celle de iustice, par laquelle les hõmes sont suffizans & aptes pour faire choses iustes, & moyennãt laquelle ils les font, & ueulent faire: & semblablement quãt à l'iniustice, par laquelle ils font les choses iniustes, & les ueulẽt faire. Et pource, premieremẽt cõme en sommaire, cecy nous soit proposé & aresté. Car es sciẽces, puissances, & habitudes toutes choses ne uont pas d'une mesme façon : ueu que la puissance & la science des choses contraires semble estre pareille: mais l'habitude cõtraire, ne peult estre de ses cõtraires: cõme par la santé les effets à elle contraires ne se font, ains les salubres seullemẽt: car nous disons que celuy marche sainemẽt, alors qu'il marche cõme un hõme sain. Et, à la uerité, souuẽt se congnoist l'habitude contraire, par celle qui luy cõtrarie : & souuẽt toutes habitudes, par les choses qui leur sont soubmises. car si la bõne disposition corporelle est apparente, l'indispositiõ l'est aussi: & des bons portemẽs procede la bõne disposition, & d'elle mesme les bõs portemens: ueu que si la bonne disposition cõsiste à estre bien charnu, il est necessaire que l'indiposition soit aussi à estre decharné, & que ce qui a le pouuoir de rendre le corps biẽ disposé, face la charnure plus epesse. Mais il s'ensuit souuent, que si de deux choses, l'une est dicte en plusieurs sortes, l'autre la soit aussi: cõme le iuste & l'iniuste. Par ce moyen donq la iustice & l'iniustice semblent estre dictes en plusieurs manieres: mais à cause qu'entre elles il ya une affinité de la resẽblãce du nom, cela est plus obscur, & non si apparẽt qu'es choses, qui sont l'une de l'autre plus eslongnees: par ce que de forme & d'espece leur differẽce est grãde. cõme ce mot de clé, qui est equiuoque tant pour signifier c'est os, qui ioinct & desioint soubz le col des bestes: que la clé, de laquelle les portes se serrẽt. Maintenant donq uoyõs en combien de sortes se dit l'iniuste. L'iniuste semble estre celuy qui uiole la loy, qui est usurpateur, & inique: & par ce moyen il appert que le iuste sera un homme legal, & equitable: & le droict ce que les loix commandent, & ce qui est egal: & le tort ce qui est contre la loy, & inequitable. Puis donq que l'iniuste est aussi usurpateur, il exercera sa malice es biens, non pas toutesfois en tous, ains en ceux seullement, esquelz consiste la prosperité de fortune,

Entendez de deux choses totallemẽt cõtraires.

L'iniuste.

Le iuste.

Le droict.

Le tort.

fortune, ou l'improſperité: qui certes ſimplement & de ſoy ſont touſiours biẽs,& bons, mais non pas touſiours à quelcũ.& toutesfois iceux ſont les biẽs, que les hommes ſoubhaittent & pourſuyuent: ce qu'ils ne deuroyent faire,ains deſirer que les biens, qui uraymẽt & totallement ſont biens, leur fuſſent bons, & profitables, & ſe les propoſer & elire. Iaçoit ce que l'hõme iniuſte n'eſlize pas touſiours, (comme en deux choſes qui uraymẽt & totallement ſont mauuaiſes)le plus,mais le moins:toutesfois par ce que le moindre mal ſemble eſtre bien aucunemẽt,& que l'uſurpatiõ cõſiſte ès biẽs,il ſemble à ceſte cauſe qu'il eſt uſurpateur. Il eſt auſſi inique,(car l'equité cõtient pluſieurs choſes, & grãdement eſt generale:)ueu que ce qui eſt inequitable, comprẽd & le plus & le moins, & trãgreſſeur de la loy:car ceſte trãſgreſſion ou iniquité,comprend en ſoy toute iniuſtice,& de toute iniuſtice elle eſt participãte.Puis dõq que le tranſgreſſeur eſt iniuſte,& le legal iuſte, il eſt euidẽt que toutes choſes legales ſont iuſtes aucunemẽt: car les choſes determinees par la cõſtitutiõ legale,ſont legales,deſquelles nous diſons qu'une chacune eſt iuſte. Mais les loix ordõnẽt & ſtatuẽt de toutes choſes,en uiſant ou à ce qui eſt publiquemẽt utile à tous,ou à ceux qui ſont parfaictement hommes de bien, ou aux princes & ſeigneurs: & ce,ou ſelon uertu,ou quelque autre telle raiſon:tant qu'en une ſorte nous appellõs les choſes iuſtes celles,leſquelles engendrẽt & maintiennẽt la felicité, & ses parties, en la societé publique & ciuile. Car la loy ordonne à l'hôme fort les actes & entreprises qu'il doit executer, côme de n'abâdonner les rengs, fuyr ou quitter les armes : au temperant, de n'adulterer, & de ne uioler personne: au clement & bening, de ne frapper, & mal dire: & semblablemẽt es autres uertus, & uices, commendant l'un, & deffendant l'autre : tellement que la loy qui est faicte & mize à droict, est salutaire & droicte, & pernicieuse celle qui est inconsiderãment, & en tumulte ordonnee. Au moyen de quoy, ceste iustice est uertu parfaicte & absoluë, non pas simplement & de soy, mais en la referant à d'autres choses : & pour ce souuent elle semble estre la plus excellente & braue de toutes les uertus, & que ny

La iustice est uertu parfaicte.

Ces uers sont partie pris de Theognis, partie d'Euripides.

» Vesper esmerueillable,
» Ny l'Aurore luysante
» N'est point tant admirable,
» Que Iustice excellente.

Et comme il se dit en un commun prouerbe,

» Toute uertu en iustice est comprise:

& parfaicte elle est, principallemẽt pour ce que l'usaige de la uertu totallement parfaicte, consiste en elle: elle est encore parfaicte, à raison que celuy en qui elle est, peult non seullement user en luy mesme de uertu, ains & auec les autres. Veu que plusieurs, en leur propres & priuees affaires, sçauent user de uertu, ne pouuans es choses d'autruy faire le semblable. Et pource le dire de Bias, semble fort excellent

cellent: Que l'estat & la charge demonstre quel est l'homme: car qui commãde es affaires publiques, se soucye d'autruy, & pratique desia en la communauté: tant que pour telle raison la iustice seule entre toutes les uertuz sẽble estre des biẽs d'autruy: par ce qu'ell' a egard aux autres: ueu qu'elle fait ce qui profite aux autres, ou au prince, ou à la repupliq̃. Par quoy celuy est tresmeschant qui use & enuers soy, & cõtre ses amis de meschanceté: & celuy tresbon qui sa uertu n'exerce en soy, ains enuers les autres: à cause que cela est un ouuraige difficile. Ainsi donc iustice n'est point une partie de uertu, mais la uertu tout' entiere: ny l'iniustice qui luy est cõtraire partie du uice, ains le uice uniuersel. Mais quant à ce, en quoy ceste iustice & la uertu sont differẽtes, il est euident par les propos dessusdicts: car l'une & l'autre sont d'une mesme chose, mais leur raison & leur estre ne sõt semblables, par ce qu'en tãt qu'elle a egard au biẽ d'autruy, elle est iustice, entant qu'ell' est telle habitude, uertu absoluement. Mais nostre question est touchant la iustice, qui est en l'une partie de la uertu: car comme nous auons dict, il y en a quelqu'une: & semblablemẽt aussi de l'iniustice, qui est une partie pour apparence & argument qu'il y en ait une telle, on uoit qu'encores que celuy qui cõmet rien des autres uices, face iniustemẽt, il n'usurpe rien toutesfois: cõme si quelqu'un auoit ietté son escu par couardye, ou dit iniure par colere, ou desisté par auarice à secourir quelqu'un d'argẽt: mais

Qu'ell' est la iustice particuliere.

quand quelqu'un usurpe, cela n'aduiẽt souuent par aucun de tels uices, uoire ny par eux tous, & toutesfois c'est par une certaine mauuaitié: ueu q̃ nous la uituperõs, cõme une iniustice. Parquoy il est quelque autre façon d'iniustice, qui est cõme quelque partie de l'uniuerselle: & quelque espece du tort en la partie du tort uniuersel, lequel est cõtre la loy. D'auantaige si quelqu'un pour gaigner, adultere, & en prend gain, & un autre ardãt de sa cupidité, auec sa perte prostitue le sien, cestuy peult sembler estre plus intẽperant qu'usurpateur, l'autre iniuste, & nõ intemperant: c'est à sçauoir par ce qu'il est euident, que c'est pour l'enuie de gaigner: aussi que tous autres actes iniustement faicts, sont tousiours referez à quelque autre sorte de uice: comme si quelqu'un a adulteré, à l'intẽperance: s'il a laissé le reng & l'enseigne, à la timidité: s'il a frappé, à l'ire: mais s'il a gaigné, à nul uice, si ce n'est à l'iniustice: tant qu'il est euidẽt, qu'oultre la generale, il y a une certaine iniustice, qui est partie de ceste generale, & auec elle equiuoque: parce qu'en mesme genre est leur diffinition, ueu que la force de toutes deux tend es biẽs d'autruy: mais l'une à l'honneur, ou aux biens, ou au salut, ou si nous auõs un mot qui seul les peult tous comprendre: & pour la uolupté qui procede du gain, mais la iustice en toutes & quantes choses esquelles l'homme de bien exerce son deuoir. Ainsi donc il est manifeste, qu'il y a plusieurs sortes de iustice: & une certaine, qui est & autre & oultre la generale

nerale uertu. Il reste de comprendre quelle ell' est, & de quelle qualité. Le tort a esté determiné celuy qui est contre les loix, ou contre l'equité : le droict qui est selon la loy, ou selon l'equité: en celuy donques qui est contre la loy, consiste l'iniustice dessusdicte. Mais par ce que l'inequitable & l'illegitime ne sont pas mesme chose, ains diuerse: cōme la partie enuers le tout: car toute chose inequitable est illegitime, non pas tout illegitime inequitable : ueu que tout ce qui est trop, est inequitable : & que tout inequitable, n'est point trop. Le tort aussi & l'iniustice, ne sōt pas mesmes choses, ains diuerses d'auec iceux: tant que les uns sont comme parties, & les autres cōme genres: c'est à sçauoir par ce que ceste iniustice est partie de la generale iniustice, & semblablement la iustice de la iustice. Parquoy il fault parler de la iustice, & de l'iniustice particulieres: du droict & du tort pareillement. Nous lairrons donc celle iustice qui est selon toute la uertu constituee, & l'iniustice: desquelles l'une est l'usaige de la totale uertu : l'autre du uice, quant au regard des choses d'autruy : tellement qu'il est euident en quelle maniere il fault definir le droict, & le tort qui d'elles sont procedez: ueu que plusieurs des choses legitimes sont celles qui sont par la uertu ordonnees: car la loy selon chacune des uertuz commande de uiure, & selon chacun des uices le defend. Mais les choses qui engendrent, & font la uertu uniuerselle, sont celles de toutes les lega-

Le tort.

Le droict.

les, qui sont touchant l'institution publique par les loix ordonnees. Quant à l'institution de chacun en particulier (par laquelle l'homme est absolument bon) à sçauoir si elle appartient à la science ciuile, ou à une autre, nous en determinerons cy apres: car possible ce n'est chose pareille d'estre uiril & fort, & tout homme estre bon citoyen. De la iustice donc particuliere, & du droit qui est selon elle, il y a une espece qui consiste es distributiõs, ou de l'hõneur, ou des biens, & de toutes les autres choses, qui se peuuẽt diuiser entre ceux qui sont en mesme communauté & republique: car de telles choses l'un en peult auoir egallement à l'autre, ou inegallement. Et l'autre espece, qui est comme la reigle & direction des pactions & contracts: de laquelle il y a deux parties. Car des contracts les uns sont uoluntaires, les autres non uolũtaires. Les uoluntaires sont comme uendition, emption, prest, promesse, usure, garde, louaige: qui sont dits uolũtaires, par ce que le cõmencement de les faire procede de nostre uolunté. Mais des non uoluntaires partie sont clãdestins: cõme larcin, adultere, empoizonnemẽt, maquerelage, subornement de seruiteurs, & homicide fait en trahizon, faux tesmoignage: partie sont uiolens, comme de donner bastonnades, lier & garrotter, mettre à mort, uoler, froisser les membres, dire iniures, faire offense & facherie. Mais puis que l'hõme iniuste est inequitable, & que le tort est inique, il est euidẽt qu'il est quelque meilieu entre les choses

Les contracts sont uolũtaires, ou nõ uoluntaires.

Du droict distributif, qui cõsiste en proportion geometrique.

choſes iniques, & que c'eſt ce qui eſt egal & equitable: ueu qu'en toutes manieres d'actions ou il y a le plus, le moins, l'egal ſ'y trouue auſſi. Si donc le tort eſt inegal & inequitable, le droict eſt egal & equitable: ce que ſans autre raiſon eſt apparẽt à tout le mõde. Si donc l'egal & equitable eſt un meilieu, le droit ſera auſſi quelque meilieu: mais l'egal ſe trouue pour le moins en deux: il eſt donques neceſſaire, que ce qui eſt iuſte & droict, ſoit & le meilieu, & l'equitable, & referé à quelques autres choſes, & en quelques unes equitable: & qu'en tant qu'il eſt meilieu & mediocrité, il ſoit de quelques choſes mediocrité: ſçauoir eſt de ce qui eſt plus ou moins: en tant qu'il eſt egal de deux, en tant qu'il eſt iuſte & droict, à quelques uns. Parquoy il eſt de neceſſité, que pour le moins ce qui eſt iuſte & droit, conſiſte en quatre choſes: car ceux à qui il eſt iuſte, ſont deux: & celles matieres eſquelles il conſiſte, deux autres: & la meſme equité & egalité, ſera des hõmes, entre leſquels eſt le droit, & des choſes eſquelles il conſiſte. Car tout ainſi que les choſes eſquelles le droict conſiſte, ſont l'une enuers l'autre affectees: ainſi le ſont auſſi ceux, entre leſquels eſt le droict: ueu que ſi egaux ils ne ſont, ils ne rẽporterõt pas choſes pareilles. Tant que dela procedẽt guerres, contentions & querelles, quand ceux qui ſont en dignité pareille à l'honneur, ne reçoyuent honneur pareil à elle, ou ſi à ceux qui ne ſont en pareille dignité, honneur pareil eſt fait. Ce qui eſt auſſi manifeste par les choses qui sont faittes selon la dignité: car tout le monde confesse, que le droit qui consiste à rendre, & distribuer à chacun ce qu'il fault, doit estre selon quelque dignité: ceste dignité toutesfois à tout le monde, n'est pas une mesme chose: mais ceux qui aiment le gouuernement de la republique estre en la puissance du peuple, la mettẽt en la liberté: ceux qui la ueulent en la puissance de peu, & des princes, en l'abondãce des biẽs, & d'autres en la noblesse: & ceux qui approuuent la police des gens de bien, en la uertu. Ainsi donc ce qui est droit, consiste en quelque proportion: ueu que la proportion n'est pas seullement au nombre, par lequel nous contõs: ains aussi à ce qui est nombre uniuersellement, & toutes choses numerables.

La dignité estimee de plusieurs choses diuerse.

La proportiõ.

Car la proportion est une egalité & resemblance de raison, qui se fait pour le moins en quatre termes: certes il est euident, que celle qui est diuisee, consiste en quatre, uoire la conioincte & continue: ueu que la propotion use d'un comme de deux, & le reprend deux fois: ne plus ne moins que si disies quel est A à B, tel est B à G: deux fois B se uoit repeté: tellement que si B se remettoit deux fois, les choses proportionnees l'une à l'autre, seroyent alors quatre. Le droit dõc aussi est en quatre termes pour le moins, & auec mesme raisõ: ueu que semblablement les hõmes ausquels le droit se fait, & les choses qui sont en droit, sont diuisees. Parquoy toute telle proportion qu'est celle de ce premier & extreme

treme terme A auec B le ſecond : telle eſt celle du troiſieme, qui eſt C auec D le quatrieme: & en chãgeant l'ordre, comme de l'A auec le C, telle eſt de B auec D, tellement que le tout auſſi auec le tout ſe proportionnera: ce qui ce fait (c'eſt à ſçauoir telle combination) par la diſtribution: tant que ſi telle combination ſe compoſe de telle maniere, elle eſt iuſtement aſſemblee. Et pour ce donc en la coniugation & coniunction de ce terme A auec C, & de B auec D, conſiſte le droict diſtributif. & ainſi le droit eſt le meilieu : ſçauoir eſt le meilieu, de ce qui n'eſt de telle proportion & conference: car ce qui eſt proportiõné, eſt le meilieu: le droit donc eſt proportiõné & au milieu. Ceſte proportion eſt des mathematiciens appellee geometrique, par ce qu'en la proportion geometrique il aduient que telle cõferẽce qu'a le tout auec le tout, l'ait auſſi l'une partie auec l'autre. Telle proportion toutesfois n'eſt pas continue : ueu que l'extreme & le terme à qui il fault diſtribuer, & quoy, n'eſt un ny meſme en nombre. Le droict donc eſt ce qui cõſiſte par proportion: & le tort ce qui eſt oultre la proportion: d'ou procede qu'icy eſt le plus, & le moins : ce qui aduient auſſi es faits & actions. Car celuy qui fait tort à l'autre, a plus: & celuy qui l'endure, moins de bien. es maux tout au cõtraire, par ce que le moindre mal, ſ'il eſt au plus grand conferé, ſemble eſtre quelque bien : pour ce que le moindre mal eſt plus toſt à eſlire que le plus grand : mais ce qui eſt à eslire, est bon: & ce q est plus tost à eslire, plus grād aussi. Telle est dōc une des espece du droict. L'autre qui reste est du droict directif, lequel se cōgnoist es cōtracts tant uolūtaires que non uoluntaires: mais il est de forme & raison differēte, à celuy q̄ cy dessus. Car le droit distributif entre les hōmes des biēs publiques, se fait tousiours selon la proportion que nous auons dicte: ueu qu'il se fera, si la distributiō des finances publiques est à faire, auec celle mesme raison qu'ont entr' elles les finā̄ces contribuees. Le tort aussi qui est à ce droict opposé, est oultre ceste proportion: mais le droict qui redresse les pactions & cōtracts, est une certaine equité: & le tort iniquité: nō pas toutesfois selon ceste proportion de l'autre, ains selō la numerale: car il n'ya nulle differēce, si l'hōme de bien a priué & uolé le meschant, ou le mecshāt, l'hōmede bien: ny si le bon, ou le meschāt a cōmis adultere: mais la loy a egard seullemēt à la difference du dommaige: & quand aux hommes, elle en use comme s'ils estoyent egaux: soit que cestuy face tort, ou soit offensé, celuy dōmage, ou soit endommagé. Et pour ce le iuge s'efforce d'egaler ce tort qui est du tout inegal: ueu qu'alors que l'un a este blessé, ou tué par l'autre qui l'a frappé, ou occis, l'actiō & le dam souffert, sont diuisez en parties inegales: mais le iuge s'esforce, autāt du gain par une amende, de les egaler & reduire à equité. Car à parler absolument, on dit que telles choses sont comme une façon de gain (encores qu'à d'aucūs ce nom semble

Quel est le droict directif es cōtracts & commutatiōs.

ſemble moins propre) du coſté de celuy qui frappe: & le dam de celuy qui eſt frappé. Mais apres que ceſte perte endurée & ſoufferte, eſt reduite à meſure, celuy eſt appellé gain, & l'autre dam. Tāt que & de ce qui eſt plus, & de ce qui eſt moins egal, eſt le meilieu. Mais le gain & la perte ſont & le plus, & le moins, toutesfois c'eſt de cōtraire façon : car le plus eſt le gain du bien, & le moins du mal: duquel le cōtraire eſt la perte : deſquels le meilieu eſt egal & equitable, lequel nous diſōs eſtre le droict. Ce droict donq, qui redreſſe & chaſtie les choſes malfaictes, ſera le meilieu du gain & de la perte: & pource les hommes, ſi toſt qu'ils ſont en debat, ſ'en uont deuāt le iuge: mais aller au iuge, n'eſt autre choſe que d'aler au droict meſme. Veu que le iuge doit eſtre, cōme le droict uiuant & parlant: uoire & demandent un iuge, qui ſoit le meilieu & moyen: en l'appellant quelques uns mediateur & arbitre: comme ſi ayans obtenu le meilieu, ils penſaſſent deuoir obtenir ce qui leur appartiēt, & leur droict. Le droict donques eſt quelque meilieu, uoire & le iuge auſſi: car le iuge egale toutes choſes, & ne plus ne moins que ſi d'une ligne en deux inegales parties diuiſee, il oſtoit de la partie excedente, ce dont elle ſurpaſſe ſa moitie, & la remiſt à celle qui eſtoit demeuree moindre: parce qu'alors qu'un tout eſt en deux diuiſé, ils dient lors qu'ils ont le leur, quand ils ont pris chacun egalement l'un à l'autre. Mais l'egal & equitable eſt, ſelon la proportion du nombre, le meilieu

Le iuge eſt la loy uiue & parlante.

du plus, & du moindre: & pour ce eſt il droict appellé & iuſte, comme ſ'il eſtoit droictemēt & iuſtemēt en deux diuiſé: tout ainſi que ſi quelcun pour droict & iuge, diſoit diuiſion iuſte, & iuſte diuiſeur. Car ſi de deux choſes egales, on oſtoit une portion en la ioignant à l'autre: la partie à qui ceſte portion ſera iointe, excedera l'autre partie de telles deux portiõs: ueu que eſtant oſtee, ſans eſtre à l'autre iointe, d'une portion elle excederoit ſeullemēt: par ce moyen donq il aduient, que ce, auquel ceſte portion eſt iointe, ſurmonte le meilieu d'une portion: & le meilieu d'une autre, ce dont ceſte portion a eſté leuee. Tant que de la nous congnoiſtrons, que c'eſt qu'il fault oſter à celuy qui à uſurpé, & adiouſter à celuy qui en à moins. Car il fault rendre à celuy qui a moins, cela qui ſurpaſſe le meilieu: & oſter de celuy qui eſt le treſgrand, ce dont le meilieu eſt excedé. Soit que ſes lignes ſoyent entre elles egales, A A, B B, C C. Et de ceſte de A A, on lieue ceſte portion A E, laquelle portion ſoit adioutee à la ligne de C C, & ſe face une ligne de C D. tant que la ligne de D C C, excede E A, de la portiõ de C D, & de celle de C F. Donques auſſi celle de B B, q eſt la ligne du meilieu, eſt excedee de la portion de C D.

C'eſt une alluſion la plus approchante du Grec qu'il a eſté poßible, ou il y a δικαστὴς, quaſi διχαστὴς, par ce que δίχα ueult dire deux.

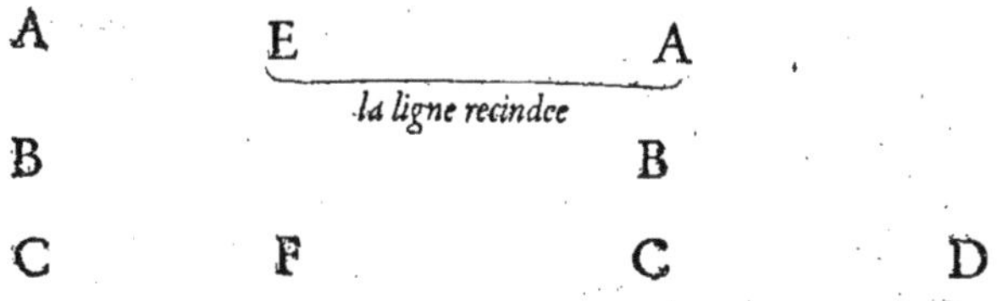

A E A

la ligne recindee

B B

C F C D

Ce qui

Ce qui ſe trouue pareillement es autres arts: car totallement elles deperiroyent, ſi celuy qui œuure, ne faiſoit autant grand & en telle qualité l'ouurage, qu'il fault: & ſi cela qui eſt faict & ouuré, ne l'enduroit, & autant, & tel auſſi. Mais ces noms de gain, & de perte ſont uenuz des contracts uoluntaires: car quand quelcun a plus que le ſien, c'eſt gain: quād il a moins, que ce qu'il auoit au commencement, perte & dam. comme, c'eſt à ſçauoir, en uendant, acheptāt, & toutes celles traffiques, dōt la loy a dōné permiſſion. Mais quand on n'a ne plus, ne moins, ains autant de quelques choſes, pour autāt d'autres: alors ils dient, qu'ils ont le leur, & n'auoir perdu, ne gaigné. Au moyen de quoy, le droict eſt le meilieu entre le gain, & la perte: faiſant, (quād outre la uolunté ils ſont ſuruenuz) auoir equité, & deuant les choſes contractees, & apres. A d'aucuns auſſi il ſemble, que la pareille ſoit droict totallement: comme ont dit les Pythagoriens: car ſimplement, & abſolument, definiſſoyent le droict eſtre une reciprocatiō & retributiō de pareille. Mais ceſte pareille, ne ſ'accommode, ny au droict diſtributif, ny à celuy qui eſt directif: aulcuns toutesfois ueulēt dire, que c'eſt le droict de Rhadamanthus.

Quel eſt le droict des Pythagoriēs, qui ſ'appelle droit de la pareille.

ἀντιπεπονθὸς lex Talionis, de ſouffrir la pareille.

„ Le iugement ſelon le droict eſt faict,
„ Quand quelcun ſeuffre, autant qu'il a forfaict.

Ce uers eſt pris d'Heſiode en ſon liure des œuures & des iours.

Car bien ſouuent cela n'acorde: comme ſi celuy qui eſt en eſtāt & magiſtrat, à frappé: pource ne fault il qu'il ſoit refrappé: & ſi quelcun le frappe, il le fault non seullement refrapper, ains aussi le punir: & d'auantage il y a grande differéce, entre ce qu'aurions faict de nostre uolunté, ou cōtre. Mais es trafiques, cōtracts, & pactions, ceste maniere de droict de pareille, maintient les choses selō proportion, & non selon l'egalité. Car la cité se maintient pour s'entrefaire selon proportion, l'un à l'autre, la pareille. Veu que les hommes affectent, ou de rendre le mal: sinon il semble que ce soit une seruitute, si la pareille ne se rend: ou de receuoir bien, autremēt il n'y a aucune communication, & trafique: par la communication toutesfois, les hōmes s'entremaintiennent es citez. Et pource ont les anciés basty le temple des Graces, es rencōtres sur le chemin, à fin que l'on s'auisast de rendre le plaisir l'un à l'autre: car cela est le propre des graces: par ce qu'il fault rendre le plaisir, & faire seruice à celuy, qui nous en a faict: & que de rechef il cōmence à nous regratifier. La cōiunction des extremitez faicte par le diametre, faict la retribution de grace & plaisir, qui se faict selon proportion: comme posé le cas, que A soit le maçon, B le cordōnier, C la maison, D le soulier: il est necessaire, que le maçon prenne du cordonnier quelque piece de son ouurage, & qu'il luy rēde, en cas pareil, quelcune du sien. Si donc premierement les ouurages sont par proportiō egales, & puis de l'un & l'autre pareillement distribuez, les choses yront ainsi que i'ay dict: autremēt ny l'equité ny est, ny les hōmes ne peuuent ensemble demeurer, & communiquer

Le temple des Graces.

niquer. Car rien nempesche, que l'ouurage de l'un ne soit plus excellent que de l'autre, & pource les fault il egaler. Ce qui se faict aussi es autres mestiers & arts, qui totallemẽt s'aneantiroyent, si celuy qui œuure, ne met son ouuraige pour si grãd, & pour tel qu'il est, & si celuy qui le reçoit, ne le prend pour si grand, & tel qu'il est. Veu que la communicatiõ & ciuile societé, ne se faict de deux medecins, ains du medecin & du laboureur : & de ceux qui sont de profession & mestier totallement differens, & nullemẽt pareilz, mais il les fault toutesfois egaler. Au moyen de quoy il fault que toutes choses, desquelles il se peult faire permutation, se puissent aucunement pareiller auec les autres. d'ou proceda l'usaige de la monoye, qui est comme le moyen des choses, & le meilieu : parce qu'auec elle toutes choses sont mesurees : & pource aussi elle reduit à mesure, le plus, & le moins : cõme c'est à sçauoir quantes paires de souliers pourroyent egaler le pris d'une maison, ou de la nourriture d'un homme. Tel donq, & si grãd, qu'enuers le cordonnier est le maçon, autãt fault il de souliers estre equiparez à la maison, & à la nourriture. car s'il ne se faict ainsi, il n'est aucune permutation: & par ce moyen, ny aucune societé & communication: mais derechief, si aucunement ils ne sont egaux, cela ne peult estre. Parquoy il fault que toutes choses, cõme il a esté premierement dit, soyent par quelcune mesurees & estimees : qui à la uerité est l'indigence, laquelle cõprend toutes cho-

L'indigence & besoing reduit les choses à egalité.

La monoye des Grecz est appellee νόμισμα, & νόμισμα uiët de νόμος, qui signifie la loy. cõme si la loy, ayãt institué la monoye, ait esté cause aussi de son nom. Et certes ce mot frãcois de monoye en est diriué pareillemẽt: bien est il uray que nous auons trãsposé, pour raisõ de l'euphonie, les lettres: disans monoye pour nomoye. ainsi qu'ont fait les Latins en ce mot forma, qui uient de μορφή. & semble que ce mot de fin aloy ait pris de la son origine.

ses: car si de rien n'auoyent besoing les hommes, ou tout le cõtraire qu'on n'eust besoing d'eux semblablemẽt, certes il n'y auroit entr'eux aucune permutation, ou pareille elle ne seroit. Mais pour suruenir à ce besoing, presque comme d'un accord, la monoye fut introduite: tant qu'elle fut monoye appellee, pource que par la loy, & non par la nature, elle fut instituee: & qu'en nous il soit de la changer, & rendre inutile. Le droict de pareille donques, sera lors, quand les choses seront pareilles & egalees: comme, en telle maniere que le laboureur s'equiparera au cordonnier, en telle aussi l'ouuraige du laboureur, sera equiparé à celuy du cordonnier. Mais apres qu'ils auront ensemble permuté, il ne les fault ramener ny reduire en espece de proportion (ou autrement l'autre extreme, aura toutes les deux excellences) ains lors que l'un, & l'autre tiendra le sien: ainsi ils seront egaux & compaignons. Veu que ceste egalité se peult alors trouuer entre eux. Soit A, le laboureur: G, la nourriture: B, le cordõnier: D, son ouuraige reduit à legalité: tellement que si en ceste façon les choses entre eux ne se pareilloyent, il n'y auroit aucune societé. tant qu'il est euident, que l'indigence est comme une chose qui les contiẽt, & assemble: parce que quand il n'ont besoing les uns des autres, ou tous deux, ou l'un des deux, ils ne permutent nullement. Tout ainsi que si quelcun estoit en necessité de ce qu'un autre auroit, comme de uin, le receuant il luy

donneroit

donneroit traitte de fourmẽt.Il eſt donq neceſſaire, de les egaler premierement:uoire que ſi pour l'heure il n'eſtoit beſoing de rien permuter, la monoye nous ſert cõme de caution & aſſeurance, pour la future permutatiõ:c'eſt à ſçauoir qu'elle ſe fera, quãd le beſoing le requerra: ueu qu'il fault permettre à celuy,qui la monoye apporte,de remporter & prẽdre.Si aduient il certes à la monoye, le meſme qu'à l'indigence: car il n'eſt pas en ſon pouuoir, d'egaler touſiours les choſes:mais ell'eſt toutesfois plus permanẽte & durable. & pource toutes choſes ſe doyuent elles eſtimer de certain pris:par ce qu'en ce faiſant,on pourra touſiours faire permutatiõs & contracts:au moyen deſquels ſ'entretiẽdra la societé & cõmunicatiõ entre les hõmes. La monoye dõques, cõme un moyen & meilieu, ayant rendu les choſes entre ſoy meſurables, les egales puis apres: ueu que la permutation oſtee,il ne peult eſtre cõmunicatiõ ny ſocieté:ny pmutatiõ, ſ'il n'eſt egalité:ny egalité, ſ'il n'eſt auſſi un rapport de meſure, des choſes l'une à l'autre. Et certes il ne ſe peult faire, à la uerité,que les choſes tãt differẽtes,puiſſent eſtre l'une auecques l'autre meſurables:toutesfois elles ſ'y meſurent ſuffiſamment, pour l'affaire qu'on à au beſoing: il fault dõq qu'en ceſte affaire il y ait une choſe qui les meſure:& qu'elle ſoit de cõſtitution:tãt que pource elle eſt appellee monoye,parce que c'eſt elle qui rend toutes choſes meſurables: ueu que par monoye elles ſont toutes meſurees. Soit A,pour une maiſon:

B,dix liures:G,le lict:& l'A,une moitie de B:tãt que la maison soit estimee cinq liures, ou autant. Et G, c'est à sçauoir le lict, soit la dixiesme partie de B. ainsi il est manifeste cõbien de licts, c'est à sçauoir cinq,egalent le pris de la maison. Il est mesme euident,qu'auãt l'usaige de la monoye, la permutatiõ se faisoit en telle maniere:ueu qu'en riẽ il n'importe si pour la maison on baille cinq licts,ou autãt qu'ils uallẽt. Ainsi dõq,nous auõs expliqué, que c'est que le tort, & le droict. Apres ces choses determinees & entendues, manifestement il appert, que la iuste action tiẽt le meilieu entre le tort faire, & le tort endurer:par ce que l'un est d'auoir plus, & l'autre d'auoir moins:à raison de quoy la iustice est une mediocrité,non pas en telle façõ que les uertus dessusdictes:ains parce qu'elle reduit tout au meilieu,sçauoir est à l'equité:mais l'iniustice consiste es extremitez. Et certainemẽt la iustice est celle, selõ laquelle,ensuiuãt l'election & iugement,l'hõme est apte, pour faire ce qui est iuste & equitable:& pour le distribuer,tãt à soy enuers un autre,qu'à quelcun enuers quelcun autre:non pas toutesfois,que de ce qui est à poursuiure & elire,il en distribue plus à soy, & moins à son uoisin:& tout au rebours de la perte, & dõmaige:ains qu'egallemẽt il le distribue selõ proportion:& semblablement aussi entre quelcun, & quelque autre. Tout à l'opposite, l'iniustice consiste en l'iniquité, & au tort:qui est,outre la proportion, un excez & default de l'utilité,ou du dommage: & pource

pource l'iniustice est un excez & un default, parce qu'en excez & default elle consiste, comme celle, c'est à sçauoir, qui est excessiue, quant à soy, de se donner le profit: & defaillante, à uouloir se sentir du dommaige: & ne plus ne moins aussi entre les autres elle fait uniuersellemẽt le semblable, en suyuant de toutes sortes qu'il peult aduenir, ce q̃ est oultre la proportion. Mais quant à l'iniquité, & au tort endurer, iniure est le moins, & faire le tort le plus grand. Ainsi donques nous auons discouru par telle maniere touchant la iustice, & l'iniustice, qu'elle est la nature d'elles deux: & pareillement du droict, & du tort, selon leur genre uniuersel. Mais puis qu'il peult estre que quelqu'un faisant iniustemẽt, toutesfois iniuste ne soit: quels torts & iniures fault il qu'en chacune espece d'iniustice il cõmette pour estre incontinent dit iniuste? comme larron, ou adultere, ou uoleur? ou si cela de rien n'importe? ueu que quelqu'un esmeu d'une affection, non pas qu'au commencement il se soit proposé & esleu de faire tort, puisse auoir affaire auec une femme, bien sachãt auec qui il ait affaire: qui par ce moyen fait tort, & n'est iniuste toutesfois? comme en cas semblable, ny larron, bien qu'il ait desrobé? ny adultere, bien qu'il ait adulteré: & pareillement des autres. Certes il a esté dict par cy deuant, quelle conference a le droict de pareille, auec le droict & l'equité. Mais il ne fault ignorer, que le droict que maintenant nous cherchons est le droict absolument, &

Quel est le droict ciuil, & le droict œconomique.

Cõme s'il disoit, que c'est assez de dire le droict, sans rien y adiouter, & qu'il sentent du ciuil.

le droit ciuil. Et le droict ciuil est celuy qui consiste en la communication & societé de la uie: pour administrer à suffisance, toutes necessitez selõ proportion, ou nombre entre les hommes libres & egaux: tant q̃ tous ceux entre lesquels telles conditions ne se trouuẽt: n'usent les uns entre les autres de droict ciuil, ains de quelq̃ droict, ainsi appellé pour quelque resemblance. Car il y a droict entre ceux entre lesquels il y a loy & ordonnance: & la loy est entre ceux entre lesquels se trouue l'iniustice: ueu que le

Que c'est que iugement.

iugemẽt est une determination & sentence de ce q̃ est droict, ou iniuste. Et entre ceux entre lesquels se trouue l'iniustice, se fõt aussi les iniures: mais entre tous ceux ou se font les iniures ne se trouue l'iniustice: laq̃lle est de distribuer à soy mesme plus qu'il ne fault de tous biens, & moins de tous maux: tant q̃ pour ceste cause nous n'endurons que l'hõme impere, ains la raisõ: par ce, c'est à sçauoir qu'il s'attribue

Les Roys sont conseruateurs du droict, & se trauaillent pour le profit d'autruy.

telles choses, & deuient tirant. Mais le Roy est conseruateur du droict: & si il est du droict, il est de l'equité aussi: qui comme celuy qui est homme iuste, pour ce qu'il luy semble ne deuoir rien usurper (car il ne se distribue rien des biens qui sont biens simplemẽt plus qu'aux autres, sinon entãt que la proportiõ de sa dignité le requiert) se trauaille pour les

L'honeur deu aux Roys & princes, qui de luy se doyuẽt aussi contẽter.

cõmoditez & necessitez d'autruy. Et dela est uenu, que lon dit la iustice estre des biens d'autruy, ainsi q̃ nous auons mesme par cy deuant recité. A telles gens donques se doit donner quelque loyer, qui est l'honneur, l'honneur,les recompenses,& dons: tellement que ceux ausquels telles choses ne sont suffisãtes, deuiẽnent tirans. Mais le droict du maistre sur le seruiteur, ny du pere sur l'enfant,n'est pas mesme auec ceux qu'auons dessusdict, ains leur resemble seulement:car proprement lon ne peult user d'iniustice en ses propres choses: mais les esclaues, & les enfans iusques à ce qu'ils soyent grans d'age, & qu'ils ne sont emancipez ny separez,sont comme mẽbres & parties du pere:& nul ne se propose de s'endommager soy mesme. Et pour ce aussi il n'est point d'iniustice contre soy mesme:& par ce moyẽ ny de tort,ny de droict ciuil: ueu qu'ilz sont determinez par la loy, & entre ceux entre lesquelz selon nature la loy se peult prattiquer:quels sõt ceux entre lesquels se trouue l'equité de commander & d'obeir: & pour ce le droict est plus tost du mary enuers la femme,que du pere enuers les enfãs, ou du maistre enuers ses esclaues:car ce droict est le droict œconomique,&de la famile. Le droict ciuil est ou naturel, ou legitime. Le naturel est celuy lequel en tous endroicts a tousiours pareille force & puissance,& nõ pas pour sembler deuoir estre ainsi, ou nõ. Le legitime, celuy auquel du commencement en rien il n'importe qu'ainsi se face,ou autremẽt: mais apres qu'il est ordonné & posé comme les captifs, deuoir estre pour certains pris rachetez,ou une cheure estre immolee,& non pas deux berbis. D'auantaige toutes les ordonnances publiees des choses particu-

Le droict paternel & seigneurial.

L'aucteur use de ce mot κτῆμα, qui signifie possession. ie le traduy toutesfois esclaue: par ce que l'aucteur (comme autourdhuy aussi il se fait es lieux ou ils s'ẽ trouue) entẽdoit d'eux, pource qu'ils sõt en nostre possession, cõme noz terres.

Deux especes de droict ciuil, scauoir est le naturel, & le legitime.

Le droict de nature.

Le droict de loy.

A Brasidas fils de Thellides uaillăt capitaine, pour auoir uaincu auec petit nōbre de gens la copieuse armee des Atheniēs, cōduyte par Cleō leur prince, qui y mourut, les Amphipolitains ses cytoyens edifierent un tēple, & luy ordōnerēt annuelz sacrifices. Volaterran, liure 14, & Plutarque en la uie de Nicias. il est uray que Thucydide dit qu'il fut Lacedemonien.

lieres, comme de sacrifier à Brasidas, & toutes choses sentēciees par arrests & decrets. Mais à quelques uns il a semblé que toutes especes de droict estoyēt soubs la ciuile comprises: à raison que ce qui est par nature est immuable: & qu'il a tousiours en tous endroits pareille force (comme le feu qui icy brusle & en Perse) & qu'ils uoyēt que les droicts & ordonnances sont muables: toutesfois cela ne ua pas en ceste façon, bien qu'il soit ainsi aucunement: car possible enuers les dieux, il n'est muable nullemēt: & toutesfois entre nous autres il est mesme quelque droict naturel qui est muable, mais non pas tout. Si est ce toutesfois que pour ce il ne laisse d'estre un droict de nature, & un qui ne l'est point: mais il est manifeste quel est le droict de nature es choses qui peuuent en une façon ou autre aduenir & uarier: & quel est celuy qui n'est point de nature, ains de la loy, & de la cōstitutiō: si tous les deux sont de sēblable façon muables: tant que ceste mesme determination & raison s'adaptera à toutes autres choses naturelles: ueu qu'ēcores que de nature la main dextre soit la plus forte, il se puisse faire toutesfois, que tous hommes soyent aussi bons gauchiers, que destriers. Mais les droicts qui sont ordonnez par l'institution des hommes, & pour leur utilité, sont semblables, & se rapportent de mesure: car tout ainsi qu'en tous lieux les mesures du uin & du blé ne sont egales, ains ou ils s'achaptēt plus grādes, ou ils se uendent moindres: ainsi les droicts nō

point

point naturels,mais procedans des cõstitutions humaines, ne sõt pareils en tous lieux: puis qu'en tous pais une mesme façon de police en la republique n'est obseruee:il y en a une toutesfois, laquelle seullemẽt en tous endroits selon la nature est tresbõne estimee. Tellement que chacune sorte de droict est legitime, tout ainsi que les choses uniuerselles tiennent des particulieres: car les actions & faicts sont plusieurs,&chacun d'eux est un,par ce qu'il est uniuersel & total. Toutesfois l'action iniuste,& le tort sont differens: & l'action iuste,& le droict: par ce que le tort est ou de nature,ou d'ordonnance:lequel mesme, quãd il est mis à execution,est lors iniure,mais auant qu'il soit commis nullement: ains tort simplement,qui apres auoir esté fait,est iniure appellé,& pareillemẽt aussi, quant à l'action iuste: bien est il uray, que ce qui est general & commun s'appelle plus tost action iuste: & la iustification ou bien faict,une correction & amendement de ce qui est fait iniurieusement & à tort. Cy apres doncques nous considererons en particulier, quel est un chacun d'eux,de quantes especes il y en a, & en quelles choses ils consistent. Mais puis que le droict & le tort est cela que nous auons dict:celuy lors fait iustement, ou iniustemẽt, qui mal uerse de son uouloir:car quand c'est contre sa uolunté, il ne fait acte iniuste ny iuste: si ce n'est par accident, sçauoir est que telles choses il face, ausquelles il aduienne d'estre iustes,ou iniustes. L'acte iuste toutesfois & l'in-

Que c'est que l'iniure, & le tort, & leurs contraires.

iuste sont par la uolunté, ou son cõtraire determinez : ueu que lors qu'il est uoluntaire, il est uitupéré, & semble aussi iniustement estre fait : parquoy il est quelque chose iniuste, qui n'est toutesfois acte iniuste aucunement, si par uolunté il n'a esté commis. Certes i'appelle l'acte uoluntaire, celuy (ainsi qu'auons par auant dict) que chacun fait des choses qu'il sçait estre en son arbitre & puissance, n'estant ignorant ne de ce qu'il fait, ny des personnes, ny par quel moyen, ny à quelle fin : comme quel est celuy qu'il frappe, auec quoy, & pour quelle occasion: sans qu'il face telles choses par accidét, ou de hazard, ou y estant forcé : ne plus ne moins, que si quelqu'un luy prenant la main en souffletoit un autre, uoluntairement il n'auroit tel acte commis, ueu que le premier mouuement n'estoit en sa puissance: uoire qu'il peult aduenir que ce soit le pere qui soit frappé, & que celuy qui l'a frappé, le recongnoisse bien pour un homme, ou pour quelqu'un de la cõpaignie, qu'il ignore toutesfois que ce soit son pere: ce qu'il fault en tel acte, & en toutes occasions & fins, pour lesquelles on fait quelque chose, & en tout ce qui concerne l'action toute entiere, pareillement determiner. Mais ce que chacun fait, soit qu'il l'ignore ou nõ, si le pouuoir de le faire n'est en luy, ou si contrainct, & par force il le fait, est non uoluntaire & forcé: ueu que nous faisons & souffrons, bien le congnoissans & sçachás, plusieurs des choses, qui de nature sõt en nous: desquelles

quelles toutesfois une ſeule n'eſt ny uoluntaire,ny contre la uolũté,cõme uieillir,ou mourir. Ce qui ce fait par accidẽt, ſe trouue & determine ſemblablemẽt es choſes iniuſtes,qu'en celles qui iuſtes ſont: car ne plus ne moins,que ſi quelqu'un rend contre ſa uolunté, & par crainte les beſongnes qui luy auroyent eſté depoſees, on ne doit eſtimer qu'il face acte iuſte, ny qu'il œuure iuſtement, ſi ce n'eſt par cas fortuit & d'accident: ainſi ſemblablement il fault dire,que celuy qui pour eſtre contraint, & contre ſa uolunté n'a rendu les beſongnes qu'il auoit en garde, improprement & par accident eſt iniurieux, & fait actes iniuſtes. D'auantaige des choſes uoluntaires, les unes ſe font auec electiõ,& les autres ſans. Par election celles ſe font,deſquelles quand auant que les faire nous en auons conſulté & deliberé. Sans election, toutes celles deſquelles n'auons prins,au parauant,aucun conſeil ny aduis: mais ueu qu'en la ſocieté & communication de la uie il y a trois ſortes d'offenſes & dommaiges,ceux ſont les erreurs commis par ignorance, quand celuy qui les commet,les fait à celuy,& telle choſe,& auec tel inſtrument, & à telle fin & occaſion qu'il ne comprenoit & penſoit:comme celuy,c'eſt à ſçauoir qui cuidoit,ou ne frapper,ou non de tel baſtõ, ou ny celuy la,ou ny pour telle occaſiõ, tãt que par l'occaſiõ de ce q̃ moins il ſoupçõnoit ny penſoit, il eſt ainſi aduenu:cõme ſi non pas à fin qu'il bleſſaſt, ains qu'il piquaſt: ou ny la perſonne,ny en la façon qu'il cuidoit. Lors donc que l'offenſe & dommaige ce fait, ſans en auoir pris ny penſé la raiſon de le faire, c'eſt une infortune: quand ce n'eſt pas ſans en auoir deliberé, ſãs malice ny fraude toutesfois, c'eſt erreur & pecché: car quicõque aura eu en ſon pouuoir le commencement de la cauſe, il pecche: mais ſi la cauſe ſuruient de dehors, il commet une infortune ſeullement. Mais quand quelqu'un commet quelque choſe, bien ſçachãt & congnoiſſant de ce qu'il fait, ſans en auoir toutesfois par auant cõſulté ne deliberé, c'eſt une action iniuſte & iniurieuſe: de quelle ſorte ſont toutes celles qui ſe font par colere, & par les autres affectiõs & perturbations d'eſprit: & toutes & quantes choſes qui ou de neceſſité, ou de nature aduiennẽt aux humains: car qui en icelles endommaigent les autres & errẽt, font certes iniuſtement, & leurs actions ſont iniuſtes & iniurieuſes: pource toutesfois ils ne ſe doyuẽt eſtimer iniuſtes ny meſchans, ueu que le dõmaige commis n'eſt procedé de meſchanceté. Mais quãd on a deliberé & propoſé de nuyre, on eſt lors iniuſte & meſchãt. Et pour ce à bõne raiſõ les choſes qui ſe font à la chaude & de colere ſont iugees n'eſtre faictes par preuidẽce ny deliberatiõ: ueu q̃ celuy qui par courroux pecche & delinque, n'eſt autheur du premier mouuemẽt & commẽcemẽt de l'action, ains celuy qui l'a prouoqué à colere. D'auãtaige en cecy on ne fait aucune doubte, ſi tel cas eſt cõmis ou nõ, mais ſi ſelõ droict: par ce que l'ire paroiſt eſtre cõme une

façon

façon d'iniuſtice: car en tels actes, tout autrement qu'es pactions & contracts (eſquels il eſt de neceſſité, que l'un ou l'autre ſoit meſchāt, ſi ce n'eſt que par oubliance ils le facent) ils ne debattent ne doubtent touchant ſ'il eſt fait, ou non: ains confeſſans & auouans le faict, ils demandent & querellent, à ſçauoir ſi à tort, ou à droict il eſt fait. mais celuy qui l'a fait, par certaine malice & cōſeil, n'a point ignoré ce qu'il faiſoit: tant que l'un penſe que tort & iniure luy ait eſté fait, & l'autre non. Celuy toutesfois, qui d'un propos deliberé, fait dommaige à autruy, fait iniuſtement: & qui par tels actes iniuſtes, eſt un autre iniuriant, quand c'eſt oultre la proportion & l'equité, eſt iniuſte. Semblablement, quiconques d'un propos deliberé fait actes iuſtes, eſt iuſte: mais il fait actes iuſtes, ſ'il les fait de ſa uolunté ſeullement. Quant aux actions non uoluntaires, les unes ſont pardonnables, les autres non: car toutes celles, eſquelles non pas ſeullemēt pour eſtre ignorans, ains auſſi par ignorance nous pecchons, meritent pardon: mais celles que non pas d'ignorāce, ains pour eſtre ignorans & imprudens, eſmeuz d'affections ny naturelles, ny decentes à l'homme, nous commettons, ne le meritent aucunement. En c'eſt endroit quelcun pourroit demāder, à ſçauoir ſi ſuffiſammēt nous auons determiné, que c'eſt que d'endurer ou faire iniure? Et premierement ſ'il eſt ainſi, q̄ fort mal à propos a parlé Euripides, diſant:

Quelques demandes & doutes touchant endurer & faire iniure.

» Comme ma mere à mort fut par moy miſe,

» Ie uous diray la raison brieuement:
» Pource ie l'ay cruellement occise,
» Qu'ell' le uouloit, & moy pareillement.
» Ou contraint fuz, de luy tollir la uie:
» Par ce qu'ell' eut de mourir trop d'enuie.

Ou s'il se peult faire, ou non, qu'à la uerité, quelcun de son uouloir soit iniurié: ou si toutes telles choses sont forcees & non uoluntaires: ne plus ne moins aussi que toutes façons de faire iniure uoluntaires? ou si l'un est uoluntaire, & l'autre non? Pareillemēt aussi, quād à receuoir droict & iustice: ueu que tout acte iuste, est uoluntaire: tellement qu'à bonne raison selon toutes les deux manieres, se doyuent semblablement opposer, estre iniurié, & faire iniure: tāt que l'un, & l'autre soyēt uoluntaires, ou non uoluntaires aussi. Mais il sembleroit qu'il fust absurde d'estimer, que toutes façons de receuoir droict & iustification, fussent uoluntaires: ueu que quelques uns, ne le uoulās, reçoyuent droict & sont iustifiez. Car quelcun pourroit encores doubter, à sçauoir, si quiconque à souffert une iniure, est iniurié? Ou si quand au faire, la resolution est semblable, que de l'endurer? par ce qu'il se peult faire, qu'en tous les deux par accident lon participe du droict. autant s'en fait il, comme il appert, es choses iniustes: ueu que ce n'est mesme chose, que de commettre actes iniustes, ou de faire iniure: ny d'endurer acte iniuste, ou d'estre iniurié: semblablement aussi de faire, ou receuoir le droict. car il est impossible que quelcun

cun ſoit iniurié, perſonne ne l'iniuriant : ny recoyue droict, nul ne luy faiſant iuſtice. Mais ſi faire iniure, pour dire abſolument, n'eſt autre choſe, que de ſon uouloir endõmager & offenſer quelcun : ceſt à ſçauoir en cõgnoiſſant la perſonne qu'on offenſe, & auec quoy, & par quelle façon: & que l'intemperant de ſon uouloir ſe bleſſe & offenſe luy meſme, & par ce moyen uoluntairement il endure tort & iniure: certes il peult aduenir, que quelcũ à ſoymeſme face iniure. Et cela eſt un des poincts, deſquelz nous doubtions: ſ'il ſe peult faire, que quelcun ſ'iniurie ſoymeſme. D'auantaige, quelcun de ſon uouloir, par ſon intemperance, pourroit eſtre offenſé d'un autre, le uoulant: & par ce moyen donques il peult eſtre, que quelcun ſoit iniurié, luy bien le uoulant: ou la diffinitiõ n'eſt point parfaicte, ains il fault adiouſter, d'offẽſer auec la cõgnoiſſance de la perſonne offenſee, de l'inſtrument auec lequel, & de la maniere, & que ce ſoit contre le uouloir de celuy qui eſt offenſé. Parquoy quelcun peult offenſer de ſa uolunté, ſouffrir & endurer un acte iniuſte: mais nul, de ſon uouloir, ne peult ſouffrir un tort & iniure: car nul ainſi ne le ueult, non pas meſme l'intemperant: ains il faict outre ſon uouloir, ueu que nul ne ueult, ce qu'il ne penſe eſtre bon: mais l'intemperant faict les choſes, qu'il penſe qu'on ne doit faire. Celuy toutesfois qui donne ſes propres choſes, cõme Homere dit que Glaucus donna à Diomedes, *C'eſt au ſixieſme de l'Iliade.*

Harnois qui d'or eſtincelloyent

» Pour ceux de bronze, follement:
» Et ceux, lesquels cent bœufs ualoyent,
» Pour ceux qui neuf tant seullement:

ne reçoit iniure: puis qu'en luy il estoit, de donner. Mais d'estre iniurié n'est pas en luy, ains il fault necessairement, qu'il y ait quelcun qui l'iniurie: au moyen de quoy il est euidét, que d'estre iniurié n'est point une chose uoluntaire. D'auãtaige, il reste encores deux poincts à expliquer, des choses que nous auons proposees: à sçauoir, qui c'est qui fait iniure: ou celuy qui distribue plus que la dignité ne le requiert, ou qui le préd: & s'il peult estre, que quelcun s'iniurie soy mesme. car si le dessusdict se peult faire, celuy qui distribue le plus, commet l'iniure, & non celuy qui le prend: mais si quelcun distribue à un autre, plus qu'à soymesme de son uouloir, & bié le sçachant, iceluy s'iniurie soy mesme, ce que semblent faire les gens modestes: car l'homme de bien & modeste, est tel que tousiours il se fait moindre, ou si cela mesme n'est point simplement uray en toutes choses: ueu que, si d'auenture l'affaire le requiert, il usurpe & s'attribue plus des autres biens, cõme de reputation, & de ce qui est uraymeńt bon & honneste: aussi, que la resolution de cela, se peult tirer de la diffinition, qu'auons dõnee, que c'est que faire iniure: car rien il n'endure oultre sa uolunté, tant que pour iceluy on doiue estimer qu'il reçoyue iniure: ains si rien il endure c'est dommaige seullement. Il est aussi apparent, que celuy qui distribue

aux

aux autres faict iniure, & non pas tousiours celuy qui obtient & a plus que les autres : par ce que tous ceux en qui est le tort, & l'iniquité, ne se doyuent estimer pour ce faire iniure, ains celuy en qui ils se trouuent de sa uolunté les faire: ce qui est en iceluy d'ou l'action prend son cõmencement, lequel certes est en celuy qui distribue, & non en celuy qui prend. D'auantaige, puis qu'il y a plusieurs sortes de faire, & qu'il peult estre que par commandement du maistre, les choses inanimees, la main, & le seruiteur, facent meurdre: certes ils n'iniurient: & font actes iniustes toutesfois. Aussi que quelcun, ignorãt les choses, a dõné iugemẽt, il ne fait iniure selon le droict de la loy, & son iugement n'est iniuste, trop bien comme iniuste: (car le droict de la loy, est autre que le droict premier) mais si sçachãt & cõgnoissant il a iugé iniustemẽt, il s'en acquiert aussi & usurpe, ou plus de grace, ou de uengeance : ne plus ne moins donc que si quelcun auoit participé d'un crime, qui pour tel cas a donné iniuste iugement, prẽd plus & usurpe. Car qui en tel cas, a une terre à quelcun adiugee: il a pris de l'argent, la terre nullement. Mais les hommes pensent, qu'il soit en eux de faire iniure: & pour ce ils estiment qu'il soit facile, ce qui n'est, d'estre iuste & equitable: ueu qu'il est facile & en eux, d'auoir affaire à la femme de leur uoisin, le battre, donner auec leur main de l'argent: mais de faire telles choses, estans à ce ainsi en l'esprit affectez, n'est ny facile, ny en leur puissance. Semblable-

Le droict premier.

ment ils ne tiennent pour ſcience, de diſcerner & congnoiſtre les choſes iuſtes, & les iniuſtes: par ce qu'il n'eſt difficile d'entendre les choſes, deſquelles parlēt les loix: telles choſes toutesfois ne ſe doyuēt entre les iuſtes nombrer, ſi ce n'eſt par accidēt: mais lors iuſtes elles ſont, quand en certaines manieres, on les a faittes & diſtribuees. Et certes cela eſt ouuraige plus abundant, que d'entēdre les drogues ſalutaires: ueu qu'en icelles il eſt aizé de congnoiſtre le miel, le uin, l'elebore, les cauteres & ſeignees: mais en quelle façon il les fault accommoder, à qu'elles perſonnes, & quand pour la ſanté, eſt un ouuraige auſſi grād & penible: que d'eſtre medecin. Pour ceſte cauſe il pēſent qu'il eſt en l'homme iuſte, de rien moins, qu'en un autre, de faire iniure: par ce que le iuſte, de rien moins, uoire plus facillemēt, pourroit faire chacune de telles choſes: ueu qu'il peult auoir à faire à une femme, & frapper: & l'hōme uaillant iecter l'eſcu, & tournāt uiſaige la part qu'il uouldra, ſ'enfuyr. Mais commettre lachetez, ou iniures, n'eſt pas faire ces choſes, ſi ce n'eſt par accidēt: ains de les faire eſtans à ce ainſi en l'eſprit affectez & diſpoſez: tout ainſi que medeciner & guarir, ce n'eſt pas inciſer & ſeigner, ou non: bailler des medecines & drogues, ou non: ains en quelque diſpoſition & maniere, les miniſtrer & faire. Mais le droict eſt auſſi entre ceux, entre leſquels il y a participatiō des biens, qui ſont biens ſimplement: tellement qu'en iceux il ſe trouue une redondāce, & un default: car en d'aucuns,

Qu'il eſt aizé d'entendre les loix, & pour ce diſoit Cicerō: ſi tu m'eſchauffe le front, en trois ioursie me rēdray iuriſcōſulte.

Elebore eſt une herbe, de laquelle uoy Dioſcoride en ſon 4. liure, chap. 150.

cuns, comme possible aux dieux, la superfluité de tels biens n'est aucunement : uoire & à d'aucuns, comme inguarissables, & malicieux, nulle partie d'eux n'est utile ny profitable, ains toutes leur nuisent, à d'aucuns elle proufite en quelque partie, & pour ceste cause est il humain estimé. Il s'ensuit que discouriõs de l'equité: & de celuy qui est equitable, quelle conference c'est à sçauoir, est celle de l'equité, auecques iustice: & de l'equitable auec le iuste: car à ceux, qui diligemment y uouldront aduiser, ils ne sembleront d'espece & genre, ny un mesme totallement, ny diuers aussi. Certes quelques fois nous donnons louenge à l'equité, & à celuy qui est equitable, tant que nous les transportons quelquesfois, à d'autres choses, pour leur donner louenge pour bonnes, les disans tresequitables, à fin de les demõstrer meilleures. Mais de rechief il semblera absurde, à qui suyura la raison, si quelq̃ equité estãt oultre le droict, est louable: car ou le droict n'est pas bon, ou l'equité n'est pas droict, si elle est autre: ou si tous deux sont bõs, tous deux sont une mesme chose. Et certes ce qui est de doute, quãt à l'equité, procede de ces raisons : l'esquelles toutesfoys, en quelque maniere se portent toutes bien & droictemẽt, & rien n'est de contrariant entre elles. Car l'equité, qui est meilleure que quelque droict, est droict aussi: & n'est, comme estãt quelque autre genre, meilleur que le droict. Le droict donques, & l'equité, sont une mesme chose : car bien qu'ils soyent tous

Que c'est que l'equité.

deux bõs, de beaucoup meilleure toutesfois est l'equité. Mais ce qui fait la question douteuse, c'est que l'equité est droict, non pas droict selon la loy, ains la reigle & correction du droict de la loy. La cause c'est, par ce que toute loy se fait generallement: qui, pour ne luy estre possible de prescrire à droict de quelques choses en general, es cas ou il est necessaire d'en parler uniuersellement, & impossible que ce soit à droict, elle prend ce qui est le plus coustumier d'auenir: non ignorante toutesfois de ce qui est l'erreur & pecché: mais pour ce, de rien moins, elle ne laisse, d'estre selon droict constituee: car l'erreur n'est pas en la loy, ny au legislateur, ains au naturel des choses: ueu qu'incontinent, la matiere des choses qui se font, est de telle nature. Quand donq la loy parle en general, & que par dessus les poincts, qu'elle decide uniuersellement, il suruient quelque chose, elle est lors à droict constituee, si la part, que le legislateur a rien delaissé & failly, pour auoir parlé trop simplement, ce qui est defaillant & oublié, est corrigé: & ce que mesmes diroit le legislateur là present, & qu'il eust desia, par loy ordonné, & pour ce certes il est droict, & meilleur que quelque autre droict: non pas toutesfoys que celuy, qui l'est absolument & totallement, ains qu'iceluy, qui pour cõtenir les choses trop simplemẽt prescriptes erre & default. Tellement que c'est la nature de l'equité, de redresser & corriger le droict, en tant qu'il default es choses generallement ordonnees. Car

Car par ce qu'il eſt impoſſible, de donner loy de quelques choſes, cela eſt cauſe qu'elles ne ſont toutes ſelon la loy, tãt qu'il eſt beſoing de decret, & ſentence: ueu que de ce qui eſt infini, la reigle doit auſſi eſtre infinie: & q̃ ne plus ne moins qu'en la ſtructure leſbique, la reigle faitte de plomb, ſe trãſpoſe en la forme de la pierre, & ne demeure la reigle en ſon entier: ainſi aux choſes ſelon qu'elles aduiẽnent, ſe doyuẽt adapter les ſentences & decrets. Parquoy il eſt ores par telles raiſõs manifeſte, que c'eſt que l'equité, le droict, & de quel droict l'equité eſt meilleure: & de ce meſme apparent, quel eſt l'homme equitable: par ce que celuy qui eſlit, & fait telles choſes, & qui n'eſt en la plus mauuaiſe part ſi rigoreux executeur du droict, ains qui la rigueur du droit diminue, encores q̃ par la loy elle ſoit ſupportee, eſt hõme bon & equitable: & telle habitude, equité, laq̃lle certes eſt une certaine façõ de iuſtice, & nõ diuerſe habitude q̃ l'autre. Il eſt auſſi apparẽt par ce qu'auons cy deſſus dict, à ſçauoir ſ'il ſe peult faire que quelqu'un ſe face iniure ou non: car il y a quelques droicts, qui ſelon toute la uertu ſont par les loix ordonnez: cõme la loy ne cõmande qu'aucun ſe mette à mort luy meſme: mais ce qu'elle ne commande, elle le defend. D'auantaige lors que quelqu'un cõtre la loy offenſe, n'ayãt eſté aggreſſé, uoluntairement il fait iniure: uoluntairement, c'eſt à ſçauoir, ſ'il eſt congnoiſſant à qui c'eſt, & de quelle maniere: mais de courroux incité ſ'il ſ'egorge luy

L'homme equitable.

La iuſtice qui eſt ditte iuſtice par tranſlation & metaphore.

mesme de sa uolunté: il fait cela contre la droicte loy, que la loy ne permet: il fait dõques iniure, mais à qui? est ce à la cité, non à soy? ueu que le uoulãt il endure? & que nul de son uouloir ne reçoit iniure? & pour ce la uille le punist: & à celuy qui s'est defait soy mesme, cõme si iniurié il auoit la republique, est un deshonneur & ignominie ordonnee. Aussi qu'en tant que celuy est iniuste, qui seullemẽt fait iniure, & non pas totallement meschant: il ne peult estre qu'iniure il face à soy mesme: ueu que cestuy cy est autre que celuy la: car l'homme iniuste est meschant, comme l'est le couard & timide, non pas toutesfois ayant le comble de toute la meschãceté. Tant que ce n'est point selõ celle iniustice, que celuy se fait iniure: ueu qu'ensemble on pourroit à un mesme oster & adiouster la mesme chose: ce qui est toutesfois impossible, ains necessairemẽt il fault qu'ils soyent plusieurs auãt qu'il y ait droict ny iniure. D'auãtaige l'iniure se fait quand elle est uolũtaire, apres deliberation prise, & qu'elle est faicte la premiere: car qui pour ce qu'il a souffert & enduré, en rend autant, ne semble faire iniure: mais celuy qui s'offẽse soymesme, reçoit ensemble les mesmes choses, & les cõmet: aussi il pourroit estre qu'à quelqu'un on fist iniure de son uouloir: & oultre ce nul ne cõmet iniure, s'il ne fait l'une de celles qui particulierement ont le nom d'estre iniustement faittes: car nul n'adultere auec sa propre femme, nul ne fait briz à ses propres murailles, ny ne desrobe ses pro-

pres

pres biens. Brief la diffinition qui determine ſi uoluntairement on peult iniure receuoir, donne aperte reſolutiõ: ſi on ſe peult ſoy meſme iniurier. Mais il eſt apparent que tous les deux ne ualẽt rien, tant d'iniurier, que d'eſtre iniurié: par ce que ceſtuy la eſt plus, & ceſtuy cy obtenir moins que le moyen & mediocrité: & ne plus ne moins qu'en la medecine la redondãce, & le trop peu des choſes ſaines, & en toutes diſpoſitions & exercices corporels eſtre ou trop en bon point, ou trop peu. Mais toutesfois ſe faire iniure, eſt le pire: ueu que uioler & iniurier autruy, eſt acte plein de crime & uituperable, & d'une meſchãceté parfaite & abſolue, ou d'icelle prochaine: car tout ce qui eſt uolũtaire, n'eſt pas conioinct à nature: mais d'endurer iniure, eſt une choſe ſans malice, ou iniuſtice: au moyẽ de quoy endurer une iniure, eſt de ſoy moindre mauuaitié, rien n'empeſche toutesfois, q̃ par accident ce ne puiſſe eſtre plus grand mal. Mais l'art en rien ne ſ'en ſoucye, laquelle eſtime plus grand' maladie une pleurezie, que la bleſſure du pied: qui toutesfois par accident peult eſtre quelque fois plus grieue, ſ'il aduient q̃ le bleſſé pour eſtre tõbé, ſoit arreſté des ennemis & occis. Au moyen de quoy par une tranſlation de ſignifiãce & ſimilitude, nous auons droict, non pas enuers nous meſmes: ains de quelques parties qui ſont noſtres, enuers d'autres parties de nous meſmes: ce n'eſt pas toutesfois de toute ſorte de droict, que ceſte reſemblãce eſt tiree, ains de celuy du maiſtre ſur

Il entẽd de la gymnaſtique.

les seruiteurs & esclaues, ou de l'œconomique qu'a le pere en sa famille. Car en telles raisons & cōditiōs la partie qui est raisonnable en l'esprit, est eslōgnee, & en different auec l'irraisonnable: tant que si prenons egard à telles choses, il semblera qu'il y ait une iniustice de soy contre soy mesme: par ce, c'est à sçauoir qu'en ces parties il se trouue qu'elles seuffrent quelque chose, oultre les desirs & cupiditez de soy mesmes. Parquoy il est entr' elles, l'une enuers l'autre (comme entre le seigneur & le subiect) quelque droict. En telle maniere doncques soit l'explication de la iustice, & des autres uertus morales determinee.

Fin du cinquieme liure.

www.ingramcontent.com/pod-product-compliance
Ingram Content Group UK Ltd.
Pitfield, Milton Keynes, MK11 3LW, UK
UKHW021127220726
13924UKWH00004B/1942